重特大交通事故中
道路设施及安全管理问题解析

张 杰 陆宇红 张 娱 王 浩 于媛媛 编著

人民交通出版社股份有限公司
北 京

内 容 提 要

本书共包括五章,主要内容是重特大道路交通事故主要特征分析,道路设施及安全管理问题特征和判别技术,道路设施及安全管理主要规定,典型案例中道路设施及安全管理问题解析,道路设施问题及与事故相关性解析。

本书可供公路设计、施工、检测、监理、养护及运营等企业技术人员和管理人员使用,也可供相关工作人员参考。

图书在版编目(CIP)数据

重特大交通事故中道路设施及安全管理问题解析/张杰等编著.—北京:人民交通出版社股份有限公司,2021.3

ISBN 978-7-114-17084-3

Ⅰ.①重… Ⅱ.①张… Ⅲ.①公路运输—交通运输事故—事故分析—中国 Ⅳ.①U491.31

中国版本图书馆 CIP 数据核字(2021)第 029113 号

Zhongteda Jiaotong Shigu zhong Daolu Sheshi ji Anquan Guanli Wenti Jiexi

书　　名:	重特大交通事故中道路设施及安全管理问题解析
著 作 者:	张　杰　陆宇红　张　娱　王　浩　于媛媛
责任编辑:	戴慧莉
责任校对:	孙国靖　龙　雪
责任印制:	刘高彤
出版发行:	人民交通出版社股份有限公司
地　　址:	(100011)北京市朝阳区安定门外外馆斜街 3 号
网　　址:	http://www.ccpcl.com.cn
销售电话:	(010)59757973
总 经 销:	人民交通出版社股份有限公司发行部
经　　销:	各地新华书店
印　　刷:	北京虎彩文化传播有限公司
开　　本:	787×1092　1/16
印　　张:	8.75
字　　数:	216 千
版　　次:	2021 年 3 月　第 1 版
印　　次:	2022 年 10 月　第 3 次印刷
书　　号:	ISBN 978-7-114-17084-3
定　　价:	36.00 元

(有印刷、装订质量问题的图书由本公司负责调换)

前　言

道路交通伤害是一个全球性公共卫生问题，我国是发生道路交通事故数量较多的国家之一。近年来，我国政府高度重视道路交通安全工作，采取了一系列措施，道路交通安全形势得到改善，我国道路交通事故数量总体呈稳步下降趋势，但重特大道路交通事故仍然时有发生。据统计，我国2009年至2017年共发生一次死亡10人以上重特大道路交通事故171起，死亡2542人，受伤2402人。相比于一般交通事故，重特大道路交通事故具有死亡人数多、经济损失大和社会关注度高等特点，如何预防道路交通事故尤其是重特大道路交通事故的发生，减少道路交通伤害，是我们当前面临的重要课题。

由于重特大道路交通事故在重特大安全生产事故中一直占有很大的比重，我国政府不断加大对重特大道路交通事故的追责力度，以促进各行业重视安全生产工作，落实安全生产责任。

根据重特大道路交通事故调查报告的分析，重特大道路交通事故调查聚焦于人、车、路和管理四个方面的内容，而因道路设施设计、施工、监理、检测、养护和安全管理不到位，被追究民事责任、行政责任，乃至从业人员被追究刑事责任的情况逐渐增多，公路相关企业和公路管理部门亟需对道路设施及安全管理问题进行梳理，并研究相应的处置技术与配套机制，确保公路设计、施工等相关企业按照法律、法规、规章或者国家标准、行业标准、地方标准的强制性规定进行设计、施工，公路运营企业按照国务院交通运输主管部门规定的技术规范和操作规程对公路实施养护，并做好对公路及沿线设施的日常检查、巡查、维护等，保证公路处于良好的技术状态，为民众的出行提供更为安全舒适的服务。

本书是在国家重点研发计划政府间国际科技创新合作项目"避险驾驶行为与人体损伤耦合平台构建及应用研究（项目编号：2019YFE0108000）"，以及以往科研课题成果的基础上，综合国内相关文献资料编写而成。

本书从重特大道路交通事故的发展趋势、时间分布、空间分布等7个方面，对2009年至2017年的重特大道路交通事故进行分析，研究重特大道路交通事故的特征，为重特大道路交通事故形成机理及预防研究提供一定的参考。在对重特大道路交通事故发生原因分析的基础上，结合编写组参与国务院事故调查组和省级事故调查组处理重特大道路交通事故的经验，以道路设施及安全管理为视角，通过分析各类重特大道路交通事故中涉及的道路设施及安全管理问题，梳理道路设施及安全管理问题主要判别技术，为公路部门有重点地开展道路隐患的排查治理和道路设施安全能力的提升提供数据支撑。从法律、法规、部门规章和其他重要参考文件层面，对道路设施及安全管理问题涉及的主要规定进行梳理，明确道路设施及安全管理中的责任边界和可能涉及的法律风险。从2009年以来的重特大道路交通事故中，筛选出涉及隧道路段、桥梁路段、弯坡组合路段、弯道路段、平直路段、下坡路段等方面的典型案例，重点从典型案例中反映的道路设施及安全管理问题进行详细解析，给出公路运营安全相关建议。在上述分析的基础上，探究道路设施及安全管理问题与重特大道路交通事故的匹配关系。

全书由张杰统稿，于媛媛参与编写第一章；陆宇红参与编写第二章和第三章；张娱参与编写第四章；王浩参与编写第五章。

由于作者水平有限，书中难免会有不足之处，恳请专家和读者予以指正。

编著者
2020年12月

目 录

第一章 重特大道路交通事故主要特征分析 /1
第一节 重特大道路交通事故的范围和数据来源 …………………… 1
第二节 重特大道路交通事故统计分析 …………………………… 2
第三节 重特大道路交通事故主要特征 …………………………… 11

第二章 道路设施及安全管理问题特征和判别技术 /12
第一节 道路设施及安全管理问题特征 …………………………… 12
第二节 道路设施及安全管理问题主要判别技术简介 ……………… 18
第三节 道路设施及安全管理问题及判别技术总结 ………………… 23

第三章 道路设施及安全管理主要规定 /24
第一节 法律层面主要规定 ………………………………………… 24
第二节 法规层面主要规定 ………………………………………… 40
第三节 部门规章层面主要规定 …………………………………… 49
第四节 其他重要参考文件主要规定 ……………………………… 54

第四章 典型案例中道路设施及安全管理问题解析 /58
第一节 隧道路段典型案例解析 …………………………………… 58
第二节 桥梁路段典型案例解析 …………………………………… 67
第三节 弯坡组合路段典型案例解析 ……………………………… 80
第四节 弯道路段典型案例解析 …………………………………… 92
第五节 平直路段典型案例解析 …………………………………… 107
第六节 下坡路段典型案例解析 …………………………………… 117

第五章 道路设施问题及与事故相关性解析 /124
第一节 事故中反映出的道路设施及安全管理问题 ………………… 124
第二节 道路设施及安全管理问题与事故的匹配关系 ……………… 128

参考文献 /131

第一章 重特大道路交通事故主要特征分析

本章在对重特大道路交通事故的范围和数据来源进行阐述的基础上,从重特大道路交通事故的发展趋势、时间分布、空间分布、事故形态、肇事车辆车型、气象条件、事故原因7个方面,对2009年至2017年的重特大道路交通事故进行分析,研究这9年重特大道路交通事故的特征,为重特大道路交通事故发生机理及预防研究提供一定的参考。

第一节 重特大道路交通事故的范围和数据来源

《生产安全事故报告和调查处理条例》(国务院第493号令)(以下简称《条例》)第三条规定,根据生产安全事故(以下简称事故)造成的人员伤亡或者直接经济损失,事故一般分为以下等级:

(一)特别重大事故,是指造成30人以上死亡,或者100人以上重伤(包括急性工业中毒,下同),或者1亿元以上直接经济损失的事故;

(二)重大事故,是指造成10人以上30人以下死亡,或者50人以上100人以下重伤,或者5000万元以上1亿元以下直接经济损失的事故;

(三)较大事故,是指造成3人以上10人以下死亡,或者10人以上50人以下重伤,或者1000万元以上5000万元以下直接经济损失的事故;

(四)一般事故,是指造成3人以下死亡,或者10人以下重伤,或者1000万元以下直接经济损失的事故(本条第一款所称的"以上"包括本数,所称的"以下"不包括本数,下同)。

根据上述规定,本书指的重特大道路交通事故包括一次死亡10人以上30人以下的重大道路交通事故和一次死亡30人以上的特别重大道路交通事故。

《条例》规定,特别重大事故由国务院或者国务院授权有关部门组织事故调查组进行调查,重大事故由事故发生地省级人民政府或者授权有关部门组织事故调查组进行调查,并且形成的事故调查报告及时向社会公布。

《条例》还规定了事故调查报告应当包括下列内容:

(一)事故发生单位概况;

(二)事故发生经过和事故救援情况;

(三)事故造成的人员伤亡和直接经济损失;

(四)事故发生的原因和事故性质;

(五)事故责任的认定以及对事故责任者的处理建议;

(六)事故防范和整改措施。

2009 年至 2017 年公开的事故调查报告是本书分析重特大道路交通事故特征的主要数据来源之一。

交通运输部公路科学研究院发布的 2010 年至 2016 年中国道路交通安全蓝皮书(以下简称《蓝皮书》)和公安部交通管理局 2010 年至 2016 年发布的《道路交通事故统计年报》(以下简称《年报》)中,包含了上年度的全国道路交通事故分析、交通事故数据统计、较大以上道路交通事故数据统计与案例、历年道路交通事故数据统计、交通事故相关资料五部分内容。《蓝皮书》和《年报》中的一次死亡 10 人以上重特大道路交通事故数据也是本书分析重特大道路交通事故特征的主要数据来源。

第二节 重特大道路交通事故统计分析

由于《条例》于 2007 年 6 月 1 日起施行,所以,重特大道路交通事故的事故调查报告多在 2008 年以后出现。交通运输部公路科学研究院发布的《蓝皮书》和公安部交通管理局发布的《年报》中,也是在 2009 年之后才提供较为详尽的重特大道路交通事故统计分析数据。所以,本节选取 2009 年至 2017 年的重特大道路交通事故,对这 9 年重特大道路交通事故的特征进行分析。

一、重特大道路交通事故总体发展趋势

2009 年至 2017 年我国共发生一次死亡 10 人以上重特大道路交通事故 171 起,死亡 2542 人,受伤 2402 人。每年的事故起数、死亡人数和受伤人数见表 1-1。

2009 年至 2017 年一次死亡 10 人以上重特大道路交通事故表　　　　表 1-1

统计数据	年份								
	2009	2010	2011	2012	2013	2014	2015	2016	2017
事故数(起)	24	34	27	25	16	13	12	11	9
死亡人数(人)	329	461	455	361	208	229	187	168	144
受伤人数(人)	345	432	403	367	259	137	123	140	196

2009 年至 2017 年我国发生一次死亡 10 人以上重特大道路交通事故趋势如图 1-1 所示。

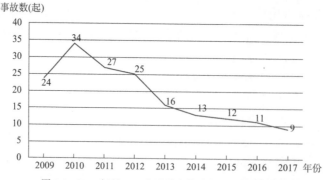

图 1-1　2009 年至 2017 年重特大道路交通事故趋势图

由图 1-1 可见,2009 年至 2010 年我国发生一次死亡 10 人以上重特大道路交通事故呈上升趋势,2010 年至 2017 年来我国发生一次死亡 10 人以上重特大道路交通事故呈迅速下降趋势,表明近年来我国采取的一系列安全管理措施有了一定的成效。

尽管重特大道路交通事故数量呈稳步下降态势,但是,每一起事故都造成了极其严重的社会影响,因此,必须采取一切措施减少重特大道路交通事故发生。

二、重特大道路交通事故时间分布

1. 重特大道路交通事故月份分布

2009 年至 2017 年,我国重特大道路交通事故月份分布见表 1-2。

2009 年至 2017 年重特大道路交通事故月份分布表　　表 1-2

年份	月份											
	1	2	3	4	5	6	7	8	9	10	11	12
2009	2	3	4	1	1	1	0	2	2	4	3	1
2010	0	3	4	4	2	2	2	5	3	4	4	1
2011	2	2	4	0	0	1	3	2	1	6	3	3
2012	2	2	1	6	1	2	1	4	1	1	1	3
2013	0	5	3	0	0	1	1	4	2	0	0	0
2014	2	0	2	0	1	0	2	3	1	0	1	1
2015	1	1	1	2	2	2	1	0	2	0	0	0
2016	0	0	0	1	0	1	1	4	1	1	1	1
2017	0	0	1	2	2	0	2	1	1	0	0	0
总计	9	16	20	16	9	10	13	25	14	16	13	10

2009 年至 2017 年,我国发生一次死亡 10 人以上重特大道路交通事故月份分布如图 1-2 所示。

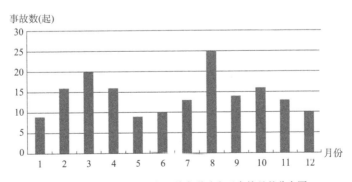

图 1-2　2009 年至 2017 年重特大道路交通事故月份分布图

由图 1-2 可见,2009 年至 2017 年我国发生一次死亡 10 人以上重特大道路交通事故中,8 月的事故最多,其次是 3 月、2 月、4 月和 10 月。分析主要原因在于 8 月为夏季,且全国大部分地区进入雨季,夏季高温,驾驶人易出现疲劳驾驶现象,且进入雨季后部分地区还易出现大雾天气,路面湿滑且视线不良,因此,容易发生交通事故;2月、3月和4月由于天气寒冷,雨雪较多,会出现路面结冰的现象,导致路面摩擦系数下降,叠加春节期间交通量增加的影响,容易出现交通事故;10月份事故多集中在国庆节假期前后,交通流量相对较大,容易出现交通事故。

在进入到重特大道路交通事故增多的月份之前,各管理机构应提前准备,做好宣传、教育工作以及相关的安全保障措施,降低重特大道路交通事故发生的可能性。

2. 重特大道路交通事故时段分布

将每日24小时分为12个统计时段,对重特大道路交通事故进行统计,2009年至2017年9年来我国重特大道路交通事故时段分布见表1-3。

2009年至2017年重特大道路交通事故时段分布表　　　表1-3

年份	时段											
	0~2	2~4	4~6	6~8	8~10	10~12	12~14	14~16	16~18	18~20	20~22	22~24
2009	1	0	0	3	3	1	0	9	4	1	1	1
2010	1	1	3	3	4	2	5	6	6	3	0	0
2011	0	2	3	3	3	1	1	7	3	1	2	1
2012	1	2	0	6	4	2	2	4	1	3	1	1	0
2013	1	1	0	0	2	2	1	2	4	1	2	0
2014	0	3	0	3	2	2	1	1	1	0	0	0
2015	2	0	0	0	3	0	0	4	1	1	0	1
2016	0	0	2	1	1	1	1	0	0	1	4	0
2017	0	0	0	1	3	0	1	0	2	0	0	2
总计	6	9	8	20	25	11	14	30	24	9	10	5

2009年至2017年我国发生一次死亡10人以上重特大道路交通事故时段分布如图1-3所示。

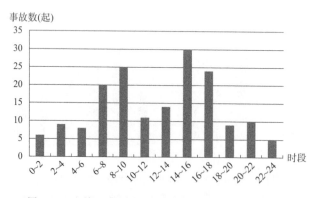

图1-3　2009年至2017年重特大道路交通事故时段分布图

由图1-3可见,2009年至2017年我国发生一次死亡10人以上重特大道路交通事故中,14~16时和8~10时的事故最多,其次是16~18时和6~8时。在6~10时发生事故的,一般多为夜间连续开车,到清晨时分太阳升起,光线发生变化,加之驾驶人疲劳驾驶,从而引发事故。而14~16时,则主要是由于午饭后容易产生困意,反应时间增长、精力不集中,因此,容易出现事故。对于一般的运输企业需要加强对其员工的宣传与教育工作,特别注意采取多种手段保证事故多发时段驾驶人的行车安全,如强制休息、轮流驾驶以及GPS监控等。公路管理机构也应在事故易发时段、特殊路段合理设置提醒和警示标识,增强驾驶人安全驾驶的意识。

三、重特大道路交通事故空间分布

对我国31个省、自治区、直辖市(不包括港、澳、台)的重特大道路交通事故按照地域进行统计分析,2009年至2017年的重特大道路交通事故空间分布见表1-4。

2009年至2017年重特大道路交通事故空间分布表 表1-4

省(自治区、直辖市)	年份									合计
	2009	2010	2011	2012	2013	2014	2015	2016	2017	
北京	0	0	0	0	0	0	0	0	0	0
天津	0	0	1	0	0	0	1	1	0	3
河北	1	0	1	0	0	0	0	0	2	4
山西	2	1	1	1	0	0	0	0	0	5
内蒙古	0	1	0	0	0	0	0	1	1	3
辽宁	0	2	0	1	0	0	0	0	0	3
吉林	0	1	1	0	0	0	1	0	0	3
黑龙江	1	1	0	0	0	0	0	0	0	2
上海	0	0	1	0	0	0	0	0	0	1
江苏	0	1	1	1	0	0	0	0	0	3
浙江	1	0	0	0	0	0	0	0	0	1
安徽	1	0	0	1	3	0	0	0	1	6
福建	1	1	1	2	1	0	0	0	0	6
江西	3	2	1	1	1	0	0	0	1	9
山东	4	2	0	2	0	1	1	2	0	12
河南	0	1	3	3	1	0	2	0	1	11
湖北	0	0	3	0	2	0	0	1	0	6
湖南	1	1	1	1	0	2	1	1	0	8
广东	1	3	1	0	0	1	1	0	1	8
广西	1	1	0	1	0	0	0	1	0	4
海南	0	0	1	0	0	0	0	0	0	1
重庆	0	0	0	1	0	0	0	0	0	1

续上表

省(自治区、直辖市)	年份									合计
	2009	2010	2011	2012	2013	2014	2015	2016	2017	
四川	0	4	1	2	2	1	0	0	0	10
贵州	1	1	1	2	1	0	1	2	1	10
云南	3	3	0	1	3	1	0	2	1	14
西藏	2	3	2	1	0	2	1	0	0	11
陕西	0	0	1	1	0	0	0	0	1	3
甘肃	1	1	3	0	1	4	1	0	0	11
青海	0	1	0	0	0	0	0	0	0	1
宁夏	0	1	1	2	0	0	0	0	0	4
新疆	0	2	2	1	1	1	0	0	0	7

2009年至2017年,我国发生一次死亡10人以上重特大道路交通事故省份分布如图1-4所示。

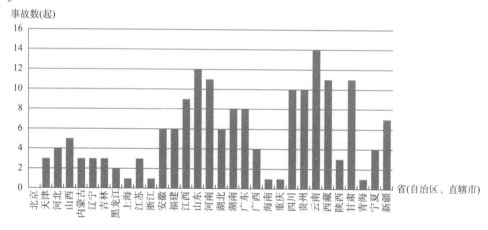

图1-4　2009年至2017年重特大道路交通事故省份分布图

由图1-4可见,2009年至2017年我国发生一次死亡10人以上重特大道路交通事故中,云南省的事故最多,其次是山东省、河南省、西藏自治区、甘肃省、四川省和贵州省。整体上看,云南省、西藏自治区、甘肃省、贵州省、四川省是重特大道路交通事故发生较为频繁的省份,这与当地特殊的地理环境密不可分,因地壳运动形成的深涧、悬崖、沟壑等地形地貌是事故发生后造成重特大死伤事故的客观原因,而山东省、河南省位于中原地区,过境交通流量大,也是重特大道路交通事故频繁发生的重要原因。

四、重特大道路交通事故的事故形态分布

将重特大道路交通事故的事故形态分为正面碰撞、侧面碰撞、追尾碰撞、翻车、坠车、碾压、撞固定物和失火8大类。2009年至2017年,我国重特大道路交通事故的事故形态分布见表1-5。

第一章 重特大道路交通事故主要特征分析

2009 年至 2017 年重特大道路交通事故的事故形态分布表　　　　表 1-5

事故形态	年份									合计
	2009	2010	2011	2012	2013	2014	2015	2016	2017	
正面碰撞	6	10	3	7	1	2	1	2	1	33
侧面碰撞	1	1	2	1	5	2	2	4	4	22
追尾碰撞	3	3	7	4	2	2	1	0	0	22
翻车	2	1	6	0	1	3	0	1	1	15
坠车	11	16	7	12	7	4	7	4	1	69
碾压	1	1	0	0	0	0	0	0	0	2
撞固定物	0	2	0	1	0	0	1	0	1	5
失火	0	0	1	0	0	0	0	0	1	2

2009 年至 2017 年,我国发生一次死亡 10 人以上重特大道路交通事故的事故形态分布如图 1-5 所示。

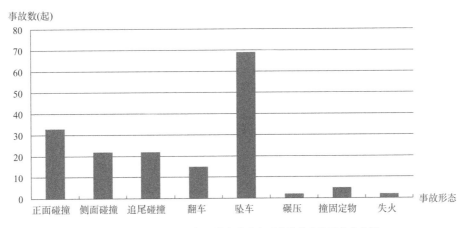

图 1-5　2009 年至 2017 年重特大道路交通事故的事故形态分布图

由图 1-5 可见,2009 年至 2017 年我国发生一次死亡 10 人以上重特大道路交通事故中,坠车事故最多,其次是正面碰撞事故。在坠车事故中,一般在路侧险要路段如山崖、河谷、河流,以及在弯道或者连续下坡路段或者桥上,容易发生坠车、坠崖、坠河事故,需要在这些路段重点加强防护和警示。正面碰撞事故一般发生在无中央隔离设施的双向两车道路段,容易因车辆占用对向车道或者在超车时发生道路交通事故。

五、重特大道路交通事故肇事车辆车型分布

将重特大道路交通事故肇事车辆车型分为小型客车、中型客车、大型客车、小型货车、中型货车、大型货车、三轮摩托车、三轮汽车和拖拉机九大类。2009 年至 2017 年,我国重特大道路交通事故的肇事车辆车型分布见表 1-6。

2009 年至 2017 年,我国发生一次死亡 10 人以上重特大道路交通事故肇事车辆车型分布如图 1-6 所示。

2009 年至 2017 年重特大道路交通事故的肇事车辆车型分布表　　　表 1-6

车型	年份									合计
	2009	2010	2011	2012	2013	2014	2015	2016	2017	
小型客车	2	4	3	6	2	2	1	2	1	23
中型客车	1	6	4	5	2	1	2	0	2	23
大型客车	10	15	15	10	6	4	5	4	2	71
小型货车	3	1	1	0	0	2	0	0	0	7
中型货车	0	2	0	0	0	0	0	0	0	2
大型货车	7	6	2	3	6	3	3	3	4	37
三轮摩托车	1	1	1	0	0	0	0	0	0	3
三轮汽车	0	1	0	1	0	1	1	0	0	4
拖拉机	0	0	1	0	0	0	0	2	0	3

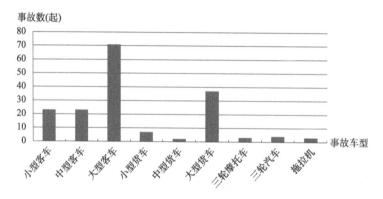

图 1-6　2009 年至 2017 年重特大道路交通事故肇事车辆车型分布图

由图 1-6 可见,2009 年至 2017 年我国发生一次死亡 10 人以上重特大道路交通事故中,大型客车事故最多,其次是大型货车事故。客车类事故占事故总数的 67.6%,超过半数的事故都与客车相关。其中,大型客车(含卧铺型大客车)事故占了事故总量的 41.0%,事故中既有省际长途客运车辆,也有普通大型客车;小型客车、中型客车事故数占比均为 13.3%。所以加强客车事故预防,特别是大型客车事故的防范对于减少重特大交通事故具有特别重要的意义。大型货车是重特大交通事故的另一个源头,占据了事故总量的 21.4%,由于经济利益驱使,大型货车的超载情况比较突出,导致车辆制动性能下降,加之部分驾驶人疲劳驾驶,以及在特殊路段和不良天气情况下行车,极易发生事故。

六、重特大道路交通事故气象条件分布

将重特大道路交通事故气象条件分为晴天、雨天、雾天和冰雪天气四大类。2009 年至 2017 年,我国重特大道路交通事故气象条件分布见表 1-7。

2009 年至 2017 年,我国发生一次死亡 10 人以上重特大道路交通事故气象条件分布如图 1-7 所示。

2009 年至 2017 年重特大道路交通事故气象条件分布表　　　　　表 1-7

气　象	年　份									合计
	2009	2010	2011	2012	2013	2014	2015	2016	2017	
晴	16	25	20	14	13	10	9	9	5	121
雨	5	4	3	9	2	1	2	1	4	31
雾	0	1	3	1	0	0	0	1	0	6
冰雪	3	4	1	1	1	2	1	0	0	13

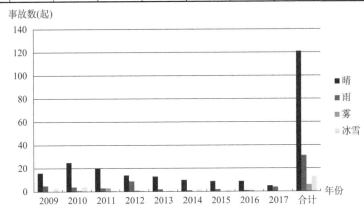

图 1-7　2009 年至 2017 年重特大道路交通事故气象条件分布图

由图 1-7 可见,2009 年至 2017 年我国发生一次死亡 10 人以上重特大道路交通事故中,晴天事故最多,但是,雨天、冰雪天和雾天也占有一定的事故比例。在我国,夏季时会进入雨季,雨天行车路面湿滑且视线不良,易产生车辆侧滑事故;冬季时冰雪增多,会出现路面结冰,导致道路摩擦系数降低,容易出现交通事故。交通安全管理部门在日常管理过程中应加强对驾驶人恶劣天气情况下驾驶安全的宣传教育工作,并针对不同地域的特点制定相应的安全保障措施,降低重特大道路交通事故的发生概率,提高道路的安全通行能力和服务水平。

七、重特大道路交通事故原因分布

1. 事故直接原因分布

将重特大道路交通事故直接原因分为人的原因、车的原因和路的原因。2009 年至 2017 年,我国重特大道路交通事故直接原因分布见表 1-8。

2009 年至 2017 年重特大道路交通事故直接原因分布表　　　　　表 1-8

直接原因	年　份									合计
	2009	2010	2011	2012	2013	2014	2015	2016	2017	
人	17	17	12	18	10	6	6	5	4	95
车	1	0	0	1	0	0	0	1	1	4
人、车	6	17	14	5	5	6	5	3	4	65
人、路	0	0	0	0	2	0	0	1	1	4
人、车、路	0	0	0	0	1	1	1	0	0	3

2009年至2017年,我国发生一次死亡10人以上重特大道路交通事故直接原因分布如图1-8所示。

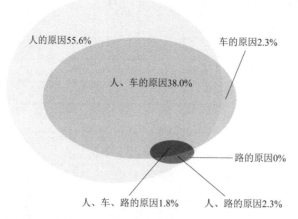

图1-8　2009年至2017年重特大道路交通事故直接原因分布图

由图1-8可见,2009年至2017年我国发生一次死亡10人以上重特大道路交通事故直接原因中,人的原因是最重要的原因,与人有关的原因占总量的97.7%。其中,单一人的原因占整体的55.6%,人和车的原因占整体的38.0%,单一车的原因占整体的2.3%,人和路的原因占整体的2.3%,人、车和路的原因占整体的1.8%。

2. 事故间接原因分布

将重特大道路交通事故间接原因分为人的原因、车的原因、路的原因和管理原因。2009年至2017年,我国重特大道路交通事故间接原因分布见表1-9。

2009年至2017年重特大道路交通事故间接原因分布表　　表1-9

间接原因	年份									合计
	2009	2010	2011	2012	2013	2014	2015	2016	2017	
车	1	0	0	0	0	0	0	0	0	1
管理	11	18	12	12	9	10	6	5	4	87
人、管理	2	1	1	3	1	1	1	2	1	13
车、管理	0	0	3	2	0	0	0	1	0	6
路、管理	8	14	9	5	8	3	5	3	4	59
人、车、管理	0	1	0	2	0	0	0	1	1	5

2009年至2017年,我国发生一次死亡10人以上重特大道路交通事故间接原因分布如图1-9所示。

由图1-9可见,2009年至2017年我国发生一次死亡10人以上重特大道路交通事故间接原因中,管理是最重要的原因,与管理有关的原因占总体的99.4%。其中,单一管理的原因占整体的50.9%,路和管理的原因占整体的34.5%,人和管理的原因占整体的7.6%,车和管理的原因占整体的3.5%,人、车和管理的原因占整体的2.9%,单一车的原因占整体的0.6%。

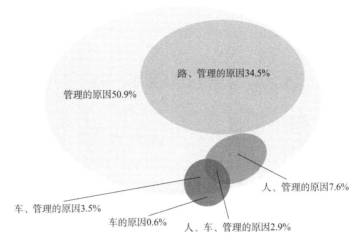

图 1-9　2009 年至 2017 年重特大道路交通事故间接原因分布图

第三节　重特大道路交通事故主要特征

通过对 2009 年至 2017 年的重特大道路交通事故数据进行整理,从重特大道路交通事故发展趋势、时间分布、空间分布、事故形态、肇事车辆车型、气象条件、事故原因 7 个方面对重特大道路交通事故分布规律进行统计分析,得出以下重特大道路交通事故主要特征。

(1) 2009 年至 2010 年我国发生一次死亡 10 人以上重特大道路交通事故呈上升趋势, 2010 年至 2017 年来我国发生一次死亡 10 人以上重特大道路交通事故呈迅速下降趋势。

(2) 2009 年至 2017 年我国发生一次死亡 10 人以上重特大道路交通事故中,8 月的事故最多,其次是 3 月、2 月、4 月和 10 月。14～16 时和 8～10 时的事故最多,其次是 16～18 时和 6～8 时。

(3) 2009 年至 2017 年我国发生一次死亡 10 人以上重特大道路交通事故中,云南省的事故最多,其次是山东省、河南省、西藏自治区、甘肃省、四川省和贵州省。

(4) 2009 年至 2017 年我国发生一次死亡 10 人以上重特大道路交通事故中,坠车事故最多,其次是正面碰撞事故。

(5) 2009 年至 2017 年我国发生一次死亡 10 人以上重特大道路交通事故中,大型客车事故最多,其次是大型货车事故。

(6) 2009 年至 2017 年我国发生一次死亡 10 人以上重特大道路交通事故中,晴天事故最多,但是雨天、冰雪天和雾天也占有一定的事故比例。

(7) 2009 年至 2017 年我国发生一次死亡 10 人以上重特大道路交通事故直接原因中,人的原因是最重要的原因,与人有关的原因占总体的 97.7%。其中,单一人的原因占整体的 55.6%,人和车的共同原因占整体的 38.0%,单一车的原因占整体的 2.3%,人和路的原因占整体的 2.3%,人、车和路的原因占整体的 1.8%。

(8) 2009 年至 2017 年我国发生一次死亡 10 人以上重特大道路交通事故间接原因中,管理的原因是最重要的原因,与管理有关的原因占总体的 99.4%。其中,单一管理的原因占整体的 50.9%,路和管理的共同原因占整体的 34.5%。

第二章 道路设施及安全管理问题特征和判别技术

在对 2009 年至 2017 年的重特大道路交通事故发生原因进行分析的基础上,结合参与国务院事故调查组和省级事故调查组处理重特大道路交通事故的经验,以道路设施及安全管理为视角,通过分析各类重特大道路交通事故中涉及的道路设施及安全管理问题,梳理道路设施及安全管理问题主要判别技术,为公路部门有重点地开展道路隐患的排查治理和道路设施安全能力的提升提供参考。

第一节 道路设施及安全管理问题特征

本节从重特大道路交通事故道路等级、道路线形、道路关键节点、路面通行条件、路面类型、与道路设施及安全管理关系、道路设施及安全管理问题类型 7 个方面,对重特大道路交通事故的道路设施及安全管理问题分布规律进行研究。

一、重特大道路交通事故道路等级分布

我国道路等级主要分为道路行政等级和道路技术等级。

2009 年至 2017 年,我国重特大道路交通事故道路行政等级分布见表 2-1。

2009 年至 2017 年重特大道路交通事故道路行政等级分布表　　表 2-1

行政等级	年份									合计	比例(%)
	2009	2010	2011	2012	2013	2014	2015	2016	2017		
村道	0	1	4	2	1	3	3	2	0	16	9.3
乡道	2	3	1	0	2	2	0	0	0	10	5.8
县道	3	4	4	3	4	0	3	1	0	22	12.9
省道	7	8	5	6	3	1	2	6	3	41	24.0
国道	9	13	12	13	5	7	4	2	6	71	41.5
专用道路	3	0	0	0	0	0	0	0	0	3	1.8
自建道路	0	2	0	0	0	0	0	0	0	2	1.2
城市道路	0	3	1	1	1	0	0	0	0	6	3.5

2009 年至 2017 年,我国发生一次死亡 10 人以上重特大道路交通事故道路行政等级分布如图 2-1 所示。

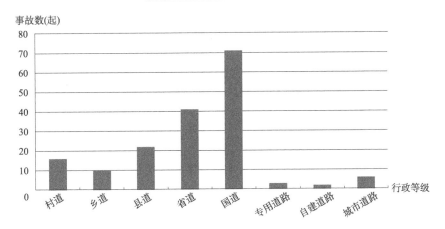

图 2-1　2009 年至 2017 年重特大道路交通事故道路行政等级分布图

由图 2-1 可见,2009 年至 2017 年我国发生一次死亡 10 人以上重特大道路交通事故中,国道的事故数量最多,其次是省道和县道。重特大道路交通事故中发生在国道的事故占事故总数的 41.5%,国道道路等级较高,车流量大,发生事故的比例相对较高。

2009 年至 2017 年,我国重特大道路交通事故道路技术等级分布见表 2-2。

2009 年至 2017 年重特大道路交通事故道路技术等级分布表　　表 2-2

技 术 等 级	年 份									合计	比例（%）
	2009	2010	2011	2012	2013	2014	2015	2016	2017		
高速	6	4	6	8	4	3	4	5	4	44	25.7
一级	2	1	1	0	0	1	0	0	1	6	3.5
二级	5	12	7	10	3	3	2	3	4	49	28.7
三级	5	4	5	2	3	2	3	0	0	24	14.0
四级	0	4	1	4	3	0	0	3	0	15	8.8
等外	6	4	6	1	2	5	3	0	0	27	15.8
城市快速路	0	2	1	1	0	0	0	0	0	4	2.3
城市主干道	0	1	0	0	1	0	0	0	0	2	1.2

2009 年至 2017 年,我国发生一次死亡 10 人以上重特大道路交通事故道路技术等级分布如图 2-2 所示。

由图 2-2 可见,2009 年至 2017 年我国发生一次死亡 10 人以上重特大道路交通事故中,二级公路的事故数量最多,其次是高速公路。

根据图 2-2 进行分析,按照道路的技术等级划分,重特大道路交通事故发生在二级公路的事故最多,占总体事故的 28.7%,二级路由于部分路段没有分隔,容易发生正面碰撞事故。等外公路的比例 15.8%,等外公路一般为农村地区的道路,因技术指标较低也易发道路交通事故。从发生事故的道路等级情况上可以看出,对于专用道路、其他道路以及自然形成的道路,多半由于道路条件较差,周围群众安全意识淡薄,仅考虑出行的便利性而忽视了安全性,叠加其他的车辆超载、超速等原因而发生事故。可通过在特殊道路增设相应的警告标志,对群众加强交通安全宣传教育工作等方式降低事故风险。

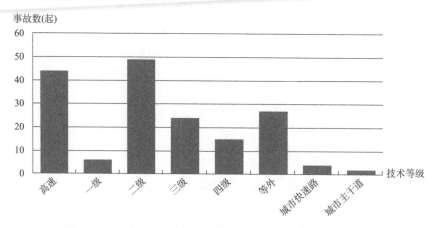

图 2-2　2009 年至 2017 年重特大道路交通事故道路技术等级分布图

二、重特大道路交通事故道路线形分布

2009 年至 2017 年,我国重特大道路交通事故道路线形分布见表 2-3。

2009 年至 2017 年重特大道路交通事故道路线形分布表　　表 2-3

道路线形	年　份									合计	比例（%）
	2009	2010	2011	2012	2013	2014	2015	2016	2017		
平直路段	9	16	11	10	4	4	3	4	6	67	39.2
弯道	1	2	1	1	1	1	1	1	1	10	5.8
坡道	5	3	5	4	3	3	3	2	1	29	17.0
弯坡组合	8	13	9	10	8	7	5	4	1	65	38.0

2009 年至 2017 年,我国发生一次死亡 10 人以上重特大道路交通事故道路线形分布如图 2-3 所示。

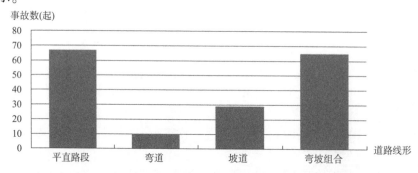

图 2-3　2009 年至 2017 年重特大道路交通事故道路线形分布图

由图 2-3 可见,2009 年至 2017 年我国发生一次死亡 10 人以上重特大道路交通事故中,发生在平直路段和弯坡组合路段的事故最多。

重特大道路交通事故中发生在弯坡组合路段的事故占事故总数的 38.0%,发生在坡道路段的事故占事故总数的 17.0%,发生在弯道路段的事故占事故总数的 5.8%,涉及弯道和坡道因素的事故占事故总数的 60.8%。在重特大道路交通事故的防治过程中,要重视坡道和弯道对车辆安全通行的影响,尤其是弯坡组合的路段,需要通过提高驾驶人特殊路段安全驾驶技能、控制车速、加强车辆制动性能的管理、增大驾驶人停车视距、增加警告标志、提高路面抗滑性能、增加路侧防护设施等措施提高道路的安全通行能力,降低道路交通事故,尤其是重特大道路交通事故发生的风险。

三、重特大道路交通事故道路关键节点分布

2009年至2017年,我国重特大道路交通事故关键节点分布见表2-4。

2009年至2017年重特大道路交通事故关键节点分布表 表2-4

关键节点	年份									合计	比例(%)
	2009	2010	2011	2012	2013	2014	2015	2016	2017		
正常路段	22	33	24	23	16	13	11	9	5	156	91.2
交叉口	1	0	1	1	0	0	0	0	1	4	2.3
桥梁	1	3	0	0	0	0	0	2	1	7	4.2
隧道	0	0	1	0	0	0	1	0	2	4	2.3

2009年至2017年,我国发生一次死亡10人以上重特大道路交通事故关键节点分布如图2-4所示。

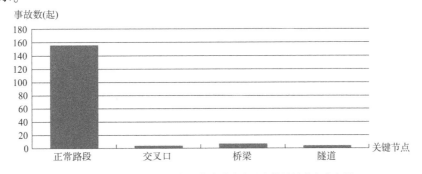

图2-4 2009年至2017年重特大道路交通事故关键节点分布图

根据图2-4进行分析,2009年至2017年我国发生一次死亡10人以上重特大道路交通事故中,发生在正常路段的事故最多,占事故总数的91.2%。重特大道路交通事故中发生在交叉口、桥梁和隧道的事故占事故总数的8.8%,关键节点对车辆安全通行有一定的影响。

四、重特大道路交通事故路面通行条件分布

2009年至2017年,我国重特大道路交通事故路面通行条件分布见表2-5。

2009年至2017年重特大道路交通事故路面通行条件分布表 表2-5

路面通行条件	年份									合计	比例(%)
	2009	2010	2011	2012	2013	2014	2015	2016	2017		
干燥	16	26	23	15	13	10	9	10	5	127	74.3
潮湿	5	4	3	9	2	1	2	1	4	31	18.1
结冰	3	1	1	0	0	2	0	0	0	7	4.1
积雪	0	3	0	1	1	0	1	0	0	6	3.5

2009年至2017年,我国发生一次死亡10人以上重特大道路交通事故路面通行条件分布如图2-5所示。

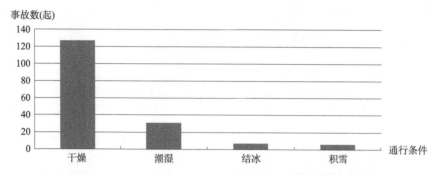

图2-5　2009年至2017年重特大道路交通事故路面通行条件分布图

根据图2-5进行分析,2009年至2017年我国发生一次死亡10人以上重特大道路交通事故中,发生在干燥路面的事故最多,占事故总数的74.3%,其次是发生在潮湿路面的事故占事故总数的18.1%,发生在结冰和积雪路面的事故分别占事故总数的4.1%和3.5%,潮湿、结冰和积雪路面对车辆安全通行有一定影响。

五、重特大道路交通事故路面类型分布

2009年至2017年,我国重特大道路交通事故路面类型分布见表2-6。

2009年至2017年重特大道路交通事故路面类型分布表　　表2-6

路面类型	年份									合计	比例（%）
	2009	2010	2011	2012	2013	2014	2015	2016	2017		
沥青	16	19	18	21	13	8	7	11	8	121	70.8
水泥	3	12	3	3	2	4	2	0	1	30	17.5
砂石	5	2	1	1	2	2	1	0	0	14	8.2
土	0	1	5	0	0	0	0	0	0	6	3.5

2009年至2017年,我国发生一次死亡10人以上重特大道路交通事故路面类型分布如图2-6所示。

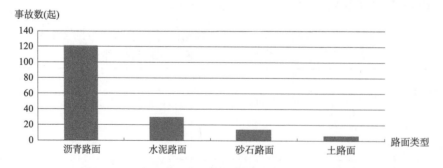

图2-6　2009年至2017年重特大道路交通事故路面类型分布图

根据图2-6进行分析,2009年至2017年我国发生一次死亡10人以上重特大道路交通

事故中,发生在沥青路面的事故最多,占事故总数的70.8%,其次是发生在水泥路面的事故占事故总数的17.5%,发生在砂石和土路面的事故分别占事故总数的8.2%和3.5%。2015年后随着我国路面硬化率的提高,砂石路面和土路面所占比例急剧下降,因此在2015年后未发生在砂石路面和土路面的重特大道路交通事故。

六、道路设施及安全管理与重特大道路交通事故关系

2009年至2017年,我国道路设施及安全管理与重特大道路交通事故关系分布见表2-7。

2009年至2017年道路设施及安全管理与重特大道路交通事故关系分布表　　表2-7

设施原因	年份									合计	比例(%)
	2009	2010	2011	2012	2013	2014	2015	2016	2017		
直接原因	0	0	0	0	2	1	2	2	0	7	4.1
间接原因	9	16	10	7	5	3	4	2	3	59	34.5
无关	15	18	17	18	9	9	6	7	6	105	61.4

2009年至2017年,我国道路设施及安全管理与重特大道路交通事故关系分布如图2-7所示。

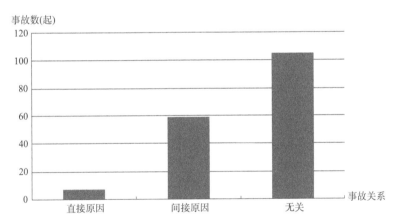

图2-7　2009年至2017年道路设施及安全管理与重特大道路交通事故关系分布图

根据图2-7进行分析,2009年至2017年我国发生一次死亡10人以上重特大道路交通事故中,道路设施及安全管理为事故直接原因的事故占总数的4.1%,道路设施及安全管理为事故间接原因的事故占总数的34.5%,道路设施及安全管理与事故无关的事故占总数的61.4%。道路设施及安全管理被列为事故直接和间接原因的事故占总数的38.6%。

七、重特大道路交通事故道路设施及安全管理问题类型分布

2009年至2017年,我国重特大道路交通事故中存在道路设施及安全管理问题的事故共66起,其中道路设施及安全管理问题类型分布见表2-8。

2009年至2017年,我国发生一次死亡10人以上重特大道路交通事故道路设施及安全管理问题类型分布如图2-8所示。

2009 年至 2017 年重特大道路交通事故道路设施及安全管理问题类型分布表　　表 2-8

问题类型	年份									合计	比例（%）
	2009	2010	2011	2012	2013	2014	2015	2016	2017		
标志	5	3	4	2	2	3	1	0	0	20	30.3
标线	1	4	1	2	1	0	1	1	0	11	16.7
防护设施	2	2	6	5	4	2	4	2	1	28	42.4
路面	0	3	0	1	3	0	0	1	2	10	15.2
道路线形	0	0	0	0	0	1	1	0	0	2	3.0
路侧隔离栅	0	0	0	0	0	0	0	1	0	1	1.5
收费站管理不到位	0	0	0	0	0	0	0	1	0	1	1.5
隐患整改不到位	0	5	0	2	0	0	0	0	0	7	10.6
施工区管理不到位	0	1	0	1	0	0	0	0	0	2	3.0
未及时除冰雪	1	1	0	0	0	0	1	0	0	3	4.5

注：表中涉及的道路设施及安全管理问题是由一种或多种因素组成，部分因素相互重叠，导致总比例超出 100%。

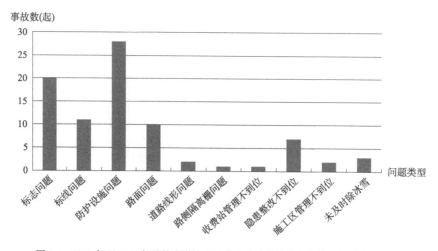

图 2-8　2009 年至 2017 年重特大道路交通事故道路设施及安全管理问题类型分布

根据图 2-8 进行分析，道路设施及安全管理问题为事故发生原因的 66 起重特大道路交通事故中，涉及的道路设施及安全管理问题多是由一种或多种因素组成，主要存在的设施问题类型为防护设施问题、标志问题、标线问题和路面问题，其中，42.4% 的事故存在防护设施问题，30.3% 的事故存在标志问题，16.7% 的事故存在标线问题，15.2% 的事故存在路面问题。

第二节　道路设施及安全管理问题主要判别技术简介

现有对重特大道路交通事故道路设施及安全管理问题的判别主要集中在三个层面：一是交通标志、标线、护栏、路面、视线诱导设施、隔离栅、防落网、防炫设施、防风栅、防雪（沙）栅、积雪标杆等道路设施的主要技术指标是否符合建设期标准的要求；二是道路设施的安全管理是否符合法律、法规、部门规章和相关规范性文件的要求;三是运用道路设施的相关理论和方法,结合交通工程、车辆工程、痕迹物证、力学和运动学等技术,对道路设施及安全管理问题与事故的因果关系进行深度分析和判断。

一、道路设施及安全管理相关数据采集分析

道路设施及安全管理相关数据采集主要包括现场数据测量、现场检测、实验室力学性能测试三个方面。

1. 现场数据测量

现场数据测量主要是运用卷尺、坡度尺、螺旋测微器、涂层测厚仪等常规测量工具,并辅以激光测距仪、无人机航测、现场三维扫描等技术获得道路设施参数的主要信息。

以护栏和标志的现场数据测量为例,护栏的现场数据测量主要涉及护栏的横梁中心高度、立柱埋深、立柱中距、护栏板板厚、立柱壁厚等信息,如图2-9所示。标志的现场数据测量主要涉及标志的字体高度、文字间距、文字行距、标志间位置、标志与弯道起点间的距离等指标。

图2-9 护栏的现场数据测量

2. 现场检测

现场检测主要是依托路面横向力系数测试车、路面线形检测车等装备,获得道路设施参数的主要信息。

以路面和线形的现场检测为例,路面的现场检测主要涉及路面构造深度、路面横向力系数、路面平整度、路面车辙等技术指标,如图2-10所示。线形的现场检测主要涉及圆曲线半径、坡长、坡度、超高等技术指标。

图2-10 路面构造深度和横向力系数检测

3. 实验室力学性能测试

实验室力学性能测试主要依托于电子万能材料试验机等装备，获得道路设施力学性能的主要信息，如图2-11所示。

以护栏的实验室力学性能测试为例，护栏的实验室力学性能测试主要涉及护栏板的抗拉强度、屈服强度、延伸率，立柱的抗拉强度、屈服强度、伸长率，连接螺栓的抗拉强度，拼接螺栓的连接副整体抗拉荷载等主要指标。

图2-11　电子万能材料试验机

二、计算机仿真

计算机仿真是以运动学和动力学原理为理论基础，建立多组物理和数学模型，以反映事故过程中诸元素的相对运动及相互状态和内在关系。同时，通过在事故现场中采集的各种物理参数，运用计算机模拟该事故的碰撞过程，最终可确定事故处理中所需要的数据和资料。

计算机仿真需要交通事故中车辆的行驶速度，事故发生的机理，事故发生时车辆的运动状态、行驶方向、事故原因、碰撞过程、停驶状态，事故车辆的制动系、转向系、灯光系、防护设施、反光设施，道路设施模型等信息。

计算机仿真的关键技术在于交通事故现场的信息采集、交通事故再现模型、三维车身模型以及道路设施模型的建立、软件的开发以及事故过程的分析，如图2-12所示。

图2-12　计算机仿真

三、标准符合性分析

判断交通标志、标线、护栏、路面、视线诱导设施、隔离栅、防落网、防炫设施、防风栅、防雪(沙)栅、积雪标杆等道路设施的主要技术指标是否符合建设期标准的要求。

1. 主要标准和技术指南

重特大道路交通事故中涉及道路设施的常用标准和技术指南见表2-9。

涉及道路设施的常用标准　　　表2-9

序号	类　别	标准编号/指南年份	标准名称
1	国家标准	GB 5768.1—2009	道路交通标志和标线　第1部分：总则
		GB 5768.2—2009	道路交通标志和标线　第2部分：道路交通标志
		GB 5768.3—2009	道路交通标志和标线　第3部分：道路交通标线

续上表

序号	类别	标准编号/指南年份	标准名称
1	国家标准	GB 5768.4—2017	道路交通标志和标线 第4部分:作业区
		GB 5768.5—2017	道路交通标志和标线 第5部分:限制速度
		GB 5768.6—2017	道路交通标志和标线 第6部分:铁路道口
		GB 5768.7—2018	道路交通标志和标线 第7部分:非机动车和行人
		GB 5768.8—2018	道路交通标志和标线 第8部分:学校区域
2	国家标准	GB/T 31439.1—2015	波形梁钢护栏 第1部分:两波形梁钢护栏
		GB/T 31439.2—2015	波形梁钢护栏 第2部分:三波形梁钢护栏
3	国家标准	GB/T 31447—2015	预镀锌公路护栏
4	国家标准	GB/T 28651—2012	公路临时性交通标志
5	国家标准	GB/T 28650—2012	公路防撞桶
6	国家标准	GB/T 26941.1—2011	隔离栅 第1部分:通则
		GB/T 26941.2—2011	隔离栅 第2部分:立柱、斜撑和门
		GB/T 26941.3—2011	隔离栅 第3部分:焊接网
		GB/T 26941.4—2011	隔离栅 第4部分:刺钢丝网
		GB/T 26941.5—2011	隔离栅 第5部分:编织网
		GB/T 26941.6—2011	隔离栅 第6部分:钢板网
7	国家标准	GB/T 24969—2010	公路照明技术条件
8	国家标准	GB/T 24725—2009	突起路标
9	国家标准	GB/T 24720—2009	交通锥
10	国家标准	GB/T 24718—2009	防炫板
11	国家标准	GB/T 23828—2009	高速公路LED可变信息标志
12	国家标准	GB/T 23827—2009	道路交通标志板及支撑件
13	行业标准	JTG B01—2014	公路工程技术标准
14	行业标准	JTG F90—2015	公路工程施工安全技术规范
15	行业标准	JTG D20—2017	公路路线设计规范
16	行业标准	JTG D81—2017	公路交通安全设施设计规范
		JTG/T D81—2017	公路交通安全设施设计细则
17	行业标准	JTG 5210—2018	公路技术状况评定标准
18	行业标准	JTG H10—2009	公路养护技术规范
19	行业标准	JTG 5142—2019	公路沥青路面养护技术规范
20	行业标准	JTG D30—2015	公路路基设计规范
21	行业标准	JTG/T D33—2012	公路排水设计规范
22	行业标准	JTG D60—2015	公路桥涵设计通用规范

续上表

序号	类别	标准编号/指南年份	标准名称
23	行业标准	JTG B05-01—2014	公路护栏安全性能评价标准
24	行业标准	JT/T 895—2014	缆索护栏
25	行业标准	JT/T 1033—2016	交通分隔栏
26	行业标准	JTG H30—2015	公路养护安全作业规程
27	行业标准	JT/T 713—2008	路面橡胶减速带
28	行业标准	JT/T 712—2008	路面防滑涂料
29	行业指南	2015	公路安全生命防护工程实施技术指南
30	行业指南	2017	公路隧道提质升级行动技术指南
31	行业指南	2017	提升公路连续长陡下坡路段安全通行能力专项行动技术指南
32	行业指南	2017	提升公路桥梁安全防护能力专项行动技术指南

2. 关键技术指标

以公路平曲线半径、长下坡标准、最大纵坡、车道宽度为例,进行道路设施标准规范符合性分析。

(1)平曲线半径。圆曲线最小半径一般值见表2-10。

圆曲线最小半径一般值　　表2-10

设计速度(km/h)	120	100	80	60	40	30	20
圆曲线最小半径(一般值)(m)	1000	700	400	200	100	65	30

(2)长下坡标准。连续坡长和相对高差见表2-11。

连续坡长和相对高差　　表2-11

平均坡度(%)	2.5	3.0	3.5	4.0	4.5	5.0	5.5	6.0
连续坡长(km)	20.0	14.8	9.3	6.8	5.4	4.4	3.8	3.3
相对高差(m)	500	450	330	270	240	220	210	200

注:平均坡度小于2.5%时,坡长不限。

(3)最大纵坡标准。公路最大纵坡标准见表2-12。

公路最大纵坡标准　　表2-12

设计速度(km/h)	120	100	80	60	40	30	20
最大纵坡(%)	3	4	5	6	7	8	9

(4)车道宽度标准。公路车道宽度标准见表2-13。

公路车道宽度标准　　表2-13

设计速度(km/h)	120	100	80	60	40	30	20
车道宽度(m)	3.75	3.75	3.75	3.50	3.50	3.25	3.00

四、道路设施及安全管理问题与事故的因果关系分析

该方法是通过对重特大道路交通事故特征进行分析,从事故发生原因和事故后果两个

维度,梳理与事故致因有关的道路设施关键指标,并在把握重特大道路交通事故总体发生规律和关键指标梳理的基础上,对与每类道路设施关键指标相关联的关键要素进行研究,形成重特大道路交通事故需要采集的关键要素体系。通过探究重特大道路交通事故中人-车-路-管理各关键要素与事故发生及事故后果之间的联系,构建重特大道路交通事故致因机理关系。

第三节　道路设施及安全管理问题及判别技术总结

通过对2009年至2017年的重特大道路交通事故数据进行整理,从重特大道路交通事故道路等级、道路线形、道路关键节点、路面通行条件、路面类型、与道路设施及安全管理关系、道路设施及安全管理问题类型7个方面对重特大道路交通事故交通设施分布规律进行统计分析,得出以下重特大道路交通事故中交通设施问题主要特征如下。

(1)2009年至2017年我国发生一次死亡10人以上重特大道路交通事故中,国道的事故最多,其次是省道和县道。

(2)2009年至2017年我国发生一次死亡10人以上重特大道路交通事故中,二级公路的事故最多,其次是高速公路。

(3)2009年至2017年我国发生一次死亡10人以上重特大道路交通事故中,发生在平直路段和弯坡组合路段的事故最多。

(4)2009年至2017年我国发生一次死亡10人以上重特大道路交通事故中,发生在正常路段的事故最多,关键节点对车辆安全通行有一定影响。

(5)2009年至2017年我国发生一次死亡10人以上重特大道路交通事故中,发生在干燥路面的事故最多,潮湿、结冰和积雪路面对车辆安全通行有一定影响。

(6)2009年至2017年我国发生一次死亡10人以上重特大道路交通事故中,发生在沥青路面的事故最多。2015年后,随着我国路面硬化率的提高,砂石路面和土路面所占比例急剧下降,因此发生在砂石路面和土路面的重特大事故呈明显下降趋势。

(7)2009年至2017年我国发生一次死亡10人以上重特大道路交通事故中,道路设施为事故直接原因的事故占总数的4.1%,道路设施为事故间接原因的事故占总数的34.5%,道路设施被列为事故直接和间接原因的事故占总数的38.6%。

(8)道路设施和安全管理为事故发生原因的66起重特大道路交通事故中,主要存在的设施问题类型为防护设施问题、标志问题、标线问题和路面问题。其中,42.4%的事故存在防护设施问题,30.3%的事故存在标志问题,16.7%的事故存在标线问题,15.2%的事故存在路面问题。

现有的重特大道路交通事故道路设施及安全管理问题判别主要集中在道路设施的关键技术指标、安全管理及其与事故的因果关系三个层面。主要的技术方法包括:道路设施及安全管理相关数据采集、计算机仿真、标准规范符合性分析和事故原因分析。

第三章 道路设施及安全管理主要规定

根据2009年至2017年的重特大道路交通事故调查报告分析,重特大道路交通事故调查聚焦于人、车、路和管理四个方面的内容。其中道路设施及安全管理不到位的问题引发管理部门、企事业单位、相关从业人员被追究责任的情况,主要涉及刑事责任、行政责任和民事责任三个方面。

道路设施及安全管理问题引发的刑事责任涉及的内容主要为渎职罪、重大责任事故罪、重大劳动安全事故罪、工程重大安全事故罪、不报、谎报安全事故罪。行政责任涉及的内容较多,主要分为事故路段安全隐患整改监管、施工监管、质量监督、公路养护监管、交工验收等方面。民事责任中涉及道路设施及安全管理问题的主要是未按照法律、法规、规章或者国家标准、行业标准、地方标准的强制性规定设计、施工、养护导致的民事赔偿责任。

本章从法律、法规、部门规章和其他重要参考文件层面,对道路设施及安全管理问题涉及的主要规定进行梳理,明确道路设施及安全管理中的责任边界和可能涉及的法律风险。

第一节 法律层面主要规定

道路设施及安全管理在法律层面主要涉及《中华人民共和国刑法》(以下简称"《刑法》")《中华人民共和国安全生产法》(以下简称"《安全生产法》")《中华人民共和国公路法》(以下简称"《公路法》")《中华人民共和国道路交通安全法》(以下简称"《道路交通安全法》")《中华人民共和国民法典》(以下简称"《民法典》")《中华人民共和国突发事件应对法》(以下简称"《突发事件应对法》")等相关规定。

一、《刑法》中相关规定

第一百三十四条 重大责任事故罪;强令违章冒险作业罪

在生产、作业中违反有关安全管理的规定,因而发生重大伤亡事故或者造成其他严重后果的,处三年以下有期徒刑或者拘役;情节特别恶劣的,处三年以上七年以下有期徒刑。

强令他人违章冒险作业,因而发生重大伤亡事故或者造成其他严重后果的,处五年以下有期徒刑或者拘役;情节特别恶劣的,处五年以上有期徒刑。

第一百三十五条 重大劳动安全事故罪

安全生产设施或者安全生产条件不符合国家规定,因而发生重大伤亡事故或者造成其他严重后果的,对直接负责的主管人员和其他直接责任人员,处三年以下有期徒刑或者拘役;情节特别恶劣的,处三年以上七年以下有期徒刑。

第一百三十五条之一 举办大型群众性活动违反安全管理规定,因而发生重大伤亡事故或者造成其他严重后果的,对直接负责的主管人员和其他直接责任人员,处三年以下有期徒刑或者拘役;情节特别恶劣的,处三年以上七年以下有期徒刑。

第一百三十七条 工程重大安全事故罪

建设单位、设计单位、施工单位、工程监理单位违反国家规定,降低工程质量标准,造成重大安全事故的,对直接责任人员,处五年以下有期徒刑或者拘役,并处罚金;后果特别严重的,处五年以上十年以下有期徒刑,并处罚金。

第一百三十九条 消防责任事故罪;不报、谎报安全事故罪

违反消防管理法规,经消防监督机构通知采取改正措施而拒绝执行,造成严重后果的,对直接责任人员,处三年以下有期徒刑或者拘役;后果特别严重的,处三年以上七年以下有期徒刑。

第一百三十九条之一 不报、谎报安全事故罪

在安全事故发生后,负有报告职责的人员不报或者谎报事故情况,贻误事故抢救,情节严重的,处三年以下有期徒刑或者拘役;情节特别严重的,处三年以上七年以下有期徒刑。

第三百九十七条 滥用职权罪;玩忽职守罪

国家机关工作人员滥用职权或者玩忽职守,致使公共财产、国家和人民利益遭受重大损失的,处三年以下有期徒刑或者拘役;情节特别严重的,处三年以上七年以下有期徒刑。本法另有规定的,依照规定。

国家机关工作人员徇私舞弊,犯前款罪的,处五年以下有期徒刑或者拘役;情节特别严重的,处五年以上十年以下有期徒刑。本法另有规定的,依照规定。

二、《安全生产法》中相关规定

第四条 生产经营单位必须遵守本法和其他有关安全生产的法律、法规,加强安全生产管理,建立、健全安全生产责任制和安全生产规章制度,改善安全生产条件,推进安全生产标准化建设,提高安全生产水平,确保安全生产。

第五条 生产经营单位的主要负责人对本单位的安全生产工作全面负责。

第六条 生产经营单位的从业人员有依法获得安全生产保障的权利,并应当依法履行安全生产方面的义务。

第八条 国务院和县级以上地方各级人民政府应当根据国民经济和社会发展规划制定安全生产规划,并组织实施。安全生产规划应当与城乡规划相衔接。

国务院和县级以上地方各级人民政府应当加强对安全生产工作的领导,支持、督促各有关部门依法履行安全生产监督管理职责,建立健全安全生产工作协调机制,及时协调、解决安全生产监督管理中存在的重大问题。

乡、镇人民政府以及街道办事处、开发区管理机构等地方人民政府的派出机关应当按照职责,加强对本行政区域内生产经营单位安全生产状况的监督检查,协助上级人民政府有关部门依法履行安全生产监督管理职责。

第九条 国务院安全生产监督管理部门依照本法,对全国安全生产工作实施综合监督

管理；县级以上地方各级人民政府安全生产监督管理部门依照本法，对本行政区域内安全生产工作实施综合监督管理。

国务院有关部门依照本法和其他有关法律、行政法规的规定，在各自的职责范围内对有关行业、领域的安全生产工作实施监督管理；县级以上地方各级人民政府有关部门依照本法和其他有关法律、法规的规定，在各自的职责范围内对有关行业、领域的安全生产工作实施监督管理。

安全生产监督管理部门和对有关行业、领域的安全生产工作实施监督管理的部门，统称负有安全生产监督管理职责的部门。

第十条 生产经营单位必须执行依法制定的保障安全生产的国家标准或者行业标准。

第十三条 依法设立的为安全生产提供技术、管理服务的机构，依照法律、行政法规和执业准则，接受生产经营单位的委托为其安全生产工作提供技术、管理服务。

生产经营单位委托前款规定的机构提供安全生产技术、管理服务的，保证安全生产的责任仍由本单位负责。

第十四条 国家实行生产安全事故责任追究制度，依照本法和有关法律、法规的规定，追究生产安全事故责任人员的法律责任。

第十五条 国家鼓励和支持安全生产科学技术研究和安全生产先进技术的推广应用，提高安全生产水平。

第十六条 国家对在改善安全生产条件、防止生产安全事故、参加抢险救护等方面取得显著成绩的单位和个人，给予奖励。

第十七条 生产经营单位应当具备本法和有关法律、行政法规和国家标准或者行业标准规定的安全生产条件；不具备安全生产条件的，不得从事生产经营活动。

第十八条 生产经营单位的主要负责人对本单位安全生产工作负有下列职责：

（一）建立、健全本单位安全生产责任制；

（二）组织制定本单位安全生产规章制度和操作规程；

（三）组织制定并实施本单位安全生产教育和培训计划；

（四）保证本单位安全生产投入的有效实施；

（五）督促、检查本单位的安全生产工作，及时消除生产安全事故隐患；

（六）组织制定并实施本单位的生产安全事故应急救援预案；

（七）及时、如实报告生产安全事故。

第十九条 生产经营单位的安全生产责任制应当明确各岗位的责任人员、责任范围和考核标准等内容。

生产经营单位应当建立相应的机制，加强对安全生产责任制落实情况的监督考核，保证安全生产责任制的落实。

第二十条 生产经营单位应当具备的安全生产条件所必需的资金投入，由生产经营单位的决策机构、主要负责人或者个人经营的投资人予以保证，并对由于安全生产所必需的资金投入不足导致的后果承担责任。

有关生产经营单位应当按照规定提取和使用安全生产费用，专门用于改善安全生产条件。安全生产费用在成本中据实列支。安全生产费用提取、使用和监督管理的具体办法由国务院财政部门会同国务院安全生产监督管理部门征求国务院有关部门意见后制定。

第二十一条 矿山、金属冶炼、建筑施工、道路运输单位和危险物品的生产、经营、储存单位,应当设置安全生产管理机构或者配备专职安全生产管理人员。

前款规定以外的其他生产经营单位,从业人员超过一百人的,应当设置安全生产管理机构或者配备专职安全生产管理人员;从业人员在一百人以下的,应当配备专职或者兼职的安全生产管理人员。

第二十二条 生产经营单位的安全生产管理机构以及安全生产管理人员履行下列职责:

(一)组织或者参与拟订本单位安全生产规章制度、操作规程和生产安全事故应急救援预案;

(二)组织或者参与本单位安全生产教育和培训,如实记录安全生产教育和培训情况;

(三)督促落实本单位重大危险源的安全管理措施;

(四)组织或者参与本单位应急救援演练;

(五)检查本单位的安全生产状况,及时排查生产安全事故隐患,提出改进安全生产管理的建议;

(六)制止和纠正违章指挥、强令冒险作业、违反操作规程的行为;

(七)督促落实本单位安全生产整改措施。

第二十四条 生产经营单位的主要负责人和安全生产管理人员必须具备与本单位所从事的生产经营活动相应的安全生产知识和管理能力。

危险物品的生产、经营、储存单位以及矿山、金属冶炼、建筑施工、道路运输单位的主要负责人和安全生产管理人员,应当由主管的负有安全生产监督管理职责的部门对其安全生产知识和管理能力考核合格。考核不得收费。

危险物品的生产、储存单位以及矿山、金属冶炼单位应当有注册安全工程师从事安全生产管理工作。鼓励其他生产经营单位聘用注册安全工程师从事安全生产管理工作。注册安全工程师按专业分类管理,具体办法由国务院人力资源和社会保障部门、国务院安全生产监督管理部门会同国务院有关部门制定。

第二十五条 生产经营单位应当对从业人员进行安全生产教育和培训,保证从业人员具备必要的安全生产知识,熟悉有关的安全生产规章制度和安全操作规程,掌握本岗位的安全操作技能,了解事故应急处理措施,知悉自身在安全生产方面的权利和义务。未经安全生产教育和培训合格的从业人员,不得上岗作业。

生产经营单位使用被派遣劳动者的,应当将被派遣劳动者纳入本单位从业人员统一管理,对被派遣劳动者进行岗位安全操作规程和安全操作技能的教育和培训。劳务派遣单位应当对被派遣劳动者进行必要的安全生产教育和培训。

生产经营单位接收中等职业学校、高等学校学生实习的,应当对实习学生进行相应的安全生产教育和培训,提供必要的劳动防护用品。学校应当协助生产经营单位对实习学生进行安全生产教育和培训。

生产经营单位应当建立安全生产教育和培训档案,如实记录安全生产教育和培训的时间、内容、参加人员以及考核结果等情况。

第二十六条　生产经营单位采用新工艺、新技术、新材料或者使用新设备,必须了解、掌握其安全技术特性,采取有效的安全防护措施,并对从业人员进行专门的安全生产教育和培训。

第二十七条　生产经营单位的特种作业人员必须按照国家有关规定经专门的安全作业培训,取得相应资格,方可上岗作业。

特种作业人员的范围由国务院安全生产监督管理部门会同国务院有关部门确定。

第二十八条　生产经营单位新建、改建、扩建工程项目(以下统称建设项目)的安全设施,必须与主体工程同时设计、同时施工、同时投入生产和使用。安全设施投资应当纳入建设项目概算。

第三十条　建设项目安全设施的设计人、设计单位应当对安全设施设计负责。

矿山、金属冶炼建设项目和用于生产、储存、装卸危险物品的建设项目的安全设施设计应当按照国家有关规定报经有关部门审查,审查部门及其负责审查的人员对审查结果负责。

第三十一条　矿山、金属冶炼建设项目和用于生产、储存、装卸危险物品的建设项目的施工单位必须按照批准的安全设施设计施工,并对安全设施的工程质量负责。

矿山、金属冶炼建设项目和用于生产、储存危险物品的建设项目竣工投入生产或者使用前,应当由建设单位负责组织对安全设施进行验收;验收合格后,方可投入生产和使用。安全生产监督管理部门应当加强对建设单位验收活动和验收结果的监督核查。

第三十二条　生产经营单位应当在有较大危险因素的生产经营场所和有关设施、设备上,设置明显的安全警示标志。

第三十三条　安全设备的设计、制造、安装、使用、检测、维修、改造和报废,应当符合国家标准或者行业标准。

生产经营单位必须对安全设备进行经常性维护、保养,并定期检测,保证正常运转。维护、保养、检测应当作好记录,并由有关人员签字。

第三十四条　生产经营单位使用的危险物品的容器、运输工具,以及涉及人身安全、危险性较大的海洋石油开采特种设备和矿山井下特种设备,必须按照国家有关规定,由专业生产单位生产,并经具有专业资质的检测、检验机构检测、检验合格,取得安全使用证或者安全标志,方可投入使用。检测、检验机构对检测、检验结果负责。

第三十五条　国家对严重危及生产安全的工艺、设备实行淘汰制度,具体目录由国务院安全生产监督管理部门会同国务院有关部门制定并公布。法律、行政法规对目录的制定另有规定的,适用其规定。

省、自治区、直辖市人民政府可以根据本地区实际情况制定并公布具体目录,对前款规定以外的危及生产安全的工艺、设备予以淘汰。

生产经营单位不得使用应当淘汰的危及生产安全的工艺、设备。

第三十六条　生产、经营、运输、储存、使用危险物品或者处置废弃危险物品的,由有关主管部门依照有关法律、法规的规定和国家标准或者行业标准审批并实施监督管理。

生产经营单位生产、经营、运输、储存、使用危险物品或者处置废弃危险物品,必须执行有关法律、法规和国家标准或者行业标准,建立专门的安全管理制度,采取可靠的安全措施,接受有关主管部门依法实施的监督管理。

第三十七条 生产经营单位对重大危险源应当登记建档,进行定期检测、评估、监控,并制定应急预案,告知从业人员和相关人员在紧急情况下应当采取的应急措施。

生产经营单位应当按照国家有关规定将本单位重大危险源及有关安全措施、应急措施报有关地方人民政府安全生产监督管理部门和有关部门备案。

第三十八条 生产经营单位应当建立健全生产安全事故隐患排查治理制度,采取技术、管理措施,及时发现并消除事故隐患。事故隐患排查治理情况应当如实记录,并向从业人员通报。

县级以上地方各级人民政府负有安全生产监督管理职责的部门应当建立健全重大事故隐患治理督办制度,督促生产经营单位消除重大事故隐患。

第四十一条 生产经营单位应当教育和督促从业人员严格执行本单位的安全生产规章制度和安全操作规程;并向从业人员如实告知作业场所和工作岗位存在的危险因素、防范措施以及事故应急措施。

第四十二条 生产经营单位必须为从业人员提供符合国家标准或者行业标准的劳动防护用品,并监督、教育从业人员按照使用规则佩戴、使用。

第四十三条 生产经营单位的安全生产管理人员应当根据本单位的生产经营特点,对安全生产状况进行经常性检查;对检查中发现的安全问题,应当立即处理;不能处理的,应当及时报告本单位有关负责人,有关负责人应当及时处理。检查及处理情况应当如实记录在案。

生产经营单位的安全生产管理人员在检查中发现重大事故隐患,依照前款规定向本单位有关负责人报告,有关负责人不及时处理的,安全生产管理人员可以向主管的负有安全生产监督管理职责的部门报告,接到报告的部门应当依法及时处理。

第四十四条 生产经营单位应当安排用于配备劳动防护用品、进行安全生产培训的经费。

第四十五条 两个以上生产经营单位在同一作业区域内进行生产经营活动,可能危及对方生产安全的,应当签订安全生产管理协议,明确各自的安全生产管理职责和应当采取的安全措施,并指定专职安全生产管理人员进行安全检查与协调。

第四十六条 生产经营单位不得将生产经营项目、场所、设备发包或者出租给不具备安全生产条件或者相应资质的单位或者个人。

生产经营项目、场所发包或者出租给其他单位的,生产经营单位应当与承包单位、承租单位签订专门的安全生产管理协议,或者在承包合同、租赁合同中约定各自的安全生产管理职责;生产经营单位对承包单位、承租单位的安全生产工作统一协调、管理,定期进行安全检查,发现安全问题的,应当及时督促整改。

第四十七条 生产经营单位发生生产安全事故时,单位的主要负责人应当立即组织抢救,并不得在事故调查处理期间擅离职守。

第五十九条 县级以上地方各级人民政府应当根据本行政区域内的安全生产状况,组织有关部门按照职责分工,对本行政区域内容易发生重大生产安全事故的生产经营单位进行严格检查。

安全生产监督管理部门应当按照分类分级监督管理的要求,制定安全生产年度监督检查计划,并按照年度监督检查计划进行监督检查,发现事故隐患,应当及时处理。

第六十条　负有安全生产监督管理职责的部门依照有关法律、法规的规定,对涉及安全生产的事项需要审查批准(包括批准、核准、许可、注册、认证、颁发证照等,下同)或者验收的,必须严格依照有关法律、法规和国家标准或者行业标准规定的安全生产条件和程序进行审查;不符合有关法律、法规和国家标准或者行业标准规定的安全生产条件的,不得批准或者验收通过。对未依法取得批准或者验收合格的单位擅自从事有关活动的,负责行政审批的部门发现或者接到举报后应当立即予以取缔,并依法予以处理。对已经依法取得批准的单位,负责行政审批的部门发现其不再具备安全生产条件的,应当撤销原批准。

第六十一条　负有安全生产监督管理职责的部门对涉及安全生产的事项进行审查、验收,不得收取费用;不得要求接受审查、验收的单位购买其指定品牌或者指定生产、销售单位的安全设备、器材或者其他产品。

第六十二条　安全生产监督管理部门和其他负有安全生产监督管理职责的部门依法开展安全生产行政执法工作,对生产经营单位执行有关安全生产的法律、法规和国家标准或者行业标准的情况进行监督检查,行使以下职权:

(一)进入生产经营单位进行检查,调阅有关资料,向有关单位和人员了解情况;

(二)对检查中发现的安全生产违法行为,当场予以纠正或者要求限期改正;对依法应当给予行政处罚的行为,依照本法和其他有关法律、行政法规的规定作出行政处罚决定;

(三)对检查中发现的事故隐患,应当责令立即排除;重大事故隐患排除前或者排除过程中无法保证安全的,应当责令从危险区域内撤出作业人员,责令暂时停产停业或者停止使用相关设施、设备;重大事故隐患排除后,经审查同意,方可恢复生产经营和使用;

(四)对有根据认为不符合保障安全生产的国家标准或者行业标准的设施、设备、器材以及违法生产、储存、使用、经营、运输的危险物品予以查封或者扣押,对违法生产、储存、使用、经营危险物品的作业场所予以查封,并依法作出处理决定。

监督检查不得影响被检查单位的正常生产经营活动。

第六十四条　安全生产监督检查人员应当忠于职守,坚持原则,秉公执法。

安全生产监督检查人员执行监督检查任务时,必须出示有效的监督执法证件;对涉及被检查单位的技术秘密和业务秘密,应当为其保密。

第六十五条　安全生产监督检查人员应当将检查的时间、地点、内容、发现的问题及其处理情况,作出书面记录,并由检查人员和被检查单位的负责人签字;被检查单位的负责人拒绝签字的,检查人员应当将情况记录在案,并向负有安全生产监督管理职责的部门报告。

第六十六条　负有安全生产监督管理职责的部门在监督检查中,应当互相配合,实行联合检查;确需分别进行检查的,应当互通情况,发现存在的安全问题应当由其他有关部门进行处理的,应当及时移送其他有关部门并形成记录备查,接受移送的部门应当及时进行处理。

第六十七条　负有安全生产监督管理职责的部门依法对存在重大事故隐患的生产经营单位作出停产停业、停止施工、停止使用相关设施或者设备的决定,生产经营单位应当依法执行,及时消除事故隐患。生产经营单位拒不执行,有发生生产安全事故的现实危险的,在保证安全的前提下,经本部门主要负责人批准,负有安全生产监督管理职责的部门可以采取通知有关单位停止供电、停止供应民用爆炸物品等措施,强制生产经营单位履行决定。通知应当采用书面形式,有关单位应当予以配合。

负有安全生产监督管理职责的部门依照前款规定采取停止供电措施,除有危及生产安全的紧急情形外,应当提前二十四小时通知生产经营单位。生产经营单位依法履行行政决定、采取相应措施消除事故隐患的,负有安全生产监督管理职责的部门应当及时解除前款规定的措施。

第七十条 负有安全生产监督管理职责的部门应当建立举报制度,公开举报电话、信箱或者电子邮件地址,受理有关安全生产的举报;受理的举报事项经调查核实后,应当形成书面材料;需要落实整改措施的,报经有关负责人签字并督促落实。

第七十五条 负有安全生产监督管理职责的部门应当建立安全生产违法行为信息库,如实记录生产经营单位的安全生产违法行为信息;对违法行为情节严重的生产经营单位,应当向社会公告,并通报行业主管部门、投资主管部门、国土资源主管部门、证券监督管理机构以及有关金融机构。

第七十六条 国家加强生产安全事故应急能力建设,在重点行业、领域建立应急救援基地和应急救援队伍,鼓励生产经营单位和其他社会力量建立应急救援队伍,配备相应的应急救援装备和物资,提高应急救援的专业化水平。

国务院安全生产监督管理部门建立全国统一的生产安全事故应急救援信息系统,国务院有关部门建立健全相关行业、领域的生产安全事故应急救援信息系统。

第七十八条 生产经营单位应当制定本单位生产安全事故应急救援预案,与所在地县级以上地方人民政府组织制定的生产安全事故应急救援预案相衔接,并定期组织演练。

第七十九条 危险物品的生产、经营、储存单位以及矿山、金属冶炼、城市轨道交通运营、建筑施工单位应当建立应急救援组织;生产经营规模较小的,可以不建立应急救援组织,但应当指定兼职的应急救援人员。

危险物品的生产、经营、储存、运输单位以及矿山、金属冶炼、城市轨道交通运营、建筑施工单位应当配备必要的应急救援器材、设备和物资,并进行经常性维护、保养,保证正常运转。

第八十条 生产经营单位发生生产安全事故后,事故现场有关人员应当立即报告本单位负责人。

单位负责人接到事故报告后,应当迅速采取有效措施,组织抢救,防止事故扩大,减少人员伤亡和财产损失,并按照国家有关规定立即如实报告当地负有安全生产监督管理职责的部门,不得隐瞒不报、谎报或者迟报,不得故意破坏事故现场、毁灭有关证据。

第八十一条 负有安全生产监督管理职责的部门接到事故报告后,应当立即按照国家有关规定上报事故情况。负有安全生产监督管理职责的部门和有关地方人民政府对事故情况不得隐瞒不报、谎报或者迟报。

第八十二条 有关地方人民政府和负有安全生产监督管理职责的部门的负责人接到生产安全事故报告后,应当按照生产安全事故应急救援预案的要求立即赶到事故现场,组织事故抢救。

参与事故抢救的部门和单位应当服从统一指挥,加强协同联动,采取有效的应急救援措施,并根据事故救援的需要采取警戒、疏散等措施,防止事故扩大和次生灾害的发生,减少人员伤亡和财产损失。

事故抢救过程中应当采取必要措施,避免或者减少对环境造成的危害。

任何单位和个人都应当支持、配合事故抢救,并提供一切便利条件。

第八十四条 生产经营单位发生生产安全事故,经调查确定为责任事故的,除了应当查明事故单位的责任并依法予以追究外,还应当查明对安全生产的有关事项负有审查批准和监督职责的行政部门的责任,对有失职、渎职行为的,依照本法第八十七条的规定追究法律责任。

第九十条 生产经营单位的决策机构、主要负责人或者个人经营的投资人不依照本法规定保证安全生产所必需的资金投入,致使生产经营单位不具备安全生产条件的,责令限期改正,提供必需的资金;逾期未改正的,责令生产经营单位停产停业整顿。

有前款违法行为,导致发生生产安全事故的,对生产经营单位的主要负责人给予撤职处分,对个人经营的投资人处二万元以上二十万元以下的罚款;构成犯罪的,依照刑法有关规定追究刑事责任。

第九十一条 生产经营单位的主要负责人未履行本法规定的安全生产管理职责的,责令限期改正;逾期未改正的,处二万元以上五万元以下的罚款,责令生产经营单位停产停业整顿。

生产经营单位的主要负责人有前款违法行为,导致发生生产安全事故的,给予撤职处分;构成犯罪的,依照刑法有关规定追究刑事责任。

生产经营单位的主要负责人依照前款规定受刑事处罚或者撤职处分的,自刑罚执行完毕或者受处分之日起,五年内不得担任任何生产经营单位的主要负责人;对重大、特别重大生产安全事故负有责任的,终身不得担任本行业生产经营单位的主要负责人。

第九十二条 生产经营单位的主要负责人未履行本法规定的安全生产管理职责,导致发生生产安全事故的,由安全生产监督管理部门依照下列规定处以罚款:

(一)发生一般事故的,处上一年年收入百分之三十的罚款;

(二)发生较大事故的,处上一年年收入百分之四十的罚款;

(三)发生重大事故的,处上一年年收入百分之六十的罚款;

(四)发生特别重大事故的,处上一年年收入百分之八十的罚款。

第九十三条 生产经营单位的安全生产管理人员未履行本法规定的安全生产管理职责的,责令限期改正;导致发生生产安全事故的,暂停或者撤销其与安全生产有关的资格;构成犯罪的,依照刑法有关规定追究刑事责任。

第九十四条 生产经营单位有下列行为之一的,责令限期改正,可以处五万元以下的罚款;逾期未改正的,责令停产停业整顿,并处五万元以上十万元以下的罚款,对其直接负责的主管人员和其他直接责任人员处一万元以上二万元以下的罚款:

(一)未按照规定设置安全生产管理机构或者配备安全生产管理人员的;

(二)危险物品的生产、经营、储存单位以及矿山、金属冶炼、建筑施工、道路运输单位的主要负责人和安全生产管理人员未按照规定经考核合格的;

(三)未按照规定对从业人员、被派遣劳动者、实习学生进行安全生产教育和培训,或者

未按照规定如实告知有关的安全生产事项的;

(四)未如实记录安全生产教育和培训情况的;

(五)未将事故隐患排查治理情况如实记录或者未向从业人员通报的;

(六)未按照规定制定生产安全事故应急救援预案或者未定期组织演练的;

(七)特种作业人员未按照规定经专门的安全作业培训并取得相应资格,上岗作业的。

第九十五条 生产经营单位有下列行为之一的,责令停止建设或者停产停业整顿,限期改正;逾期未改正的,处五十万元以上一百万元以下的罚款,对其直接负责的主管人员和其他直接责任人员处二万元以上五万元以下的罚款;构成犯罪的,依照刑法有关规定追究刑事责任:

(一)未按照规定对矿山、金属冶炼建设项目或者用于生产、储存、装卸危险物品的建设项目进行安全评价的;

(二)矿山、金属冶炼建设项目或者用于生产、储存、装卸危险物品的建设项目没有安全设施设计或者安全设施设计未按照规定报经有关部门审查同意的;

(三)矿山、金属冶炼建设项目或者用于生产、储存、装卸危险物品的建设项目的施工单位未按照批准的安全设施设计施工的;

(四)矿山、金属冶炼建设项目或者用于生产、储存危险物品的建设项目竣工投入生产或者使用前,安全设施未经验收合格的。

第九十六条 生产经营单位有下列行为之一的,责令限期改正,可以处五万元以下的罚款;逾期未改正的,处五万元以上二十万元以下的罚款,对其直接负责的主管人员和其他直接责任人员处一万元以上二万元以下的罚款;情节严重的,责令停产停业整顿;构成犯罪的,依照刑法有关规定追究刑事责任:

(一)未在有较大危险因素的生产经营场所和有关设施、设备上设置明显的安全警示标志的;

(二)安全设备的安装、使用、检测、改造和报废不符合国家标准或者行业标准的;

(三)未对安全设备进行经常性维护、保养和定期检测的;

(四)未为从业人员提供符合国家标准或者行业标准的劳动防护用品的;

(五)危险物品的容器、运输工具,以及涉及人身安全、危险性较大的海洋石油开采特种设备和矿山井下特种设备未经具有专业资质的机构检测、检验合格,取得安全使用证或者安全标志,投入使用的;

(六)使用应当淘汰的危及生产安全的工艺、设备的。

第九十七条 未经依法批准,擅自生产、经营、运输、储存、使用危险物品或者处置废弃危险物品的,依照有关危险物品安全管理的法律、行政法规的规定予以处罚;构成犯罪的,依照刑法有关规定追究刑事责任。

第九十八条 生产经营单位有下列行为之一的,责令限期改正,可以处十万元以下的罚款;逾期未改正的,责令停产停业整顿,并处十万元以上二十万元以下的罚款,对其直接负责的主管人员和其他直接责任人员处二万元以上五万元以下的罚款;构成犯罪的,依照刑法有关规定追究刑事责任:

(一)生产、经营、运输、储存、使用危险物品或者处置废弃危险物品,未建立专门安全管

理制度、未采取可靠的安全措施的;

(二)对重大危险源未登记建档,或者未进行评估、监控,或者未制定应急预案的;

(三)进行爆破、吊装以及国务院安全生产监督管理部门会同国务院有关部门规定的其他危险作业,未安排专门人员进行现场安全管理的;

(四)未建立事故隐患排查治理制度的。

第九十九条 生产经营单位未采取措施消除事故隐患的,责令立即消除或者限期消除;生产经营单位拒不执行的,责令停产停业整顿,并处十万元以上五十万元以下的罚款,对其直接负责的主管人员和其他直接责任人员处二万元以上五万元以下的罚款。

第一百零一条 两个以上生产经营单位在同一作业区域内进行可能危及对方安全生产的生产经营活动,未签订安全生产管理协议或者未指定专职安全生产管理人员进行安全检查与协调的,责令限期改正,可以处五万元以下的罚款,对其直接负责的主管人员和其他直接责任人员可以处一万元以下的罚款;逾期未改正的,责令停产停业。

第一百零五条 违反本法规定,生产经营单位拒绝、阻碍负有安全生产监督管理职责的部门依法实施监督检查的,责令改正;拒不改正的,处二万元以上二十万元以下的罚款;对其直接负责的主管人员和其他直接责任人员处一万元以上二万元以下的罚款;构成犯罪的,依照刑法有关规定追究刑事责任。

第一百零六条 生产经营单位的主要负责人在本单位发生生产安全事故时,不立即组织抢救或者在事故调查处理期间擅离职守或者逃匿的,给予降级、撤职的处分,并由安全生产监督管理部门处上一年年收入百分之六十至百分之一百的罚款;对逃匿的处十五日以下拘留;构成犯罪的,依照刑法有关规定追究刑事责任。

生产经营单位的主要负责人对生产安全事故隐瞒不报、谎报或者迟报的,依照前款规定处罚。

第一百零七条 有关地方人民政府、负有安全生产监督管理职责的部门,对生产安全事故隐瞒不报、谎报或者迟报的,对直接负责的主管人员和其他直接责任人员依法给予处分;构成犯罪的,依照刑法有关规定追究刑事责任。

第一百零八条 生产经营单位不具备本法和其他有关法律、行政法规和国家标准或者行业标准规定的安全生产条件,经停产停业整顿仍不具备安全生产条件的,予以关闭;有关部门应当依法吊销其有关证照。

第一百零九条 发生生产安全事故,对负有责任的生产经营单位除要求其依法承担相应的赔偿等责任外,由安全生产监督管理部门依照下列规定处以罚款:

(一)发生一般事故的,处二十万元以上五十万元以下的罚款;

(二)发生较大事故的,处五十万元以上一百万元以下的罚款;

(三)发生重大事故的,处一百万元以上五百万元以下的罚款;

(四)发生特别重大事故的,处五百万元以上一千万元以下的罚款;情节特别严重的,处一千万元以上二千万元以下的罚款。

三、《公路法》中相关规定

第八条 国务院交通主管部门主管全国公路工作。

县级以上地方人民政府交通主管部门主管本行政区域内的公路工作;但是,县级以上地方人民政府交通主管部门对国道、省道的管理、监督职责,由省、自治区、直辖市人民政府确定。

乡、民族乡、镇人民政府负责本行政区域内的乡道的建设和养护工作。

县级以上地方人民政府交通主管部门可以决定由公路管理机构依照本法规定行使公路行政管理职责。

第二十条 县级以上人民政府交通主管部门应当依据职责维护公路建设秩序,加强对公路建设的监督管理。

第三十条 公路建设项目的设计和施工,应当符合依法保护环境、保护文物古迹和防止水土流失的要求。

公路规划中贯彻国防要求的公路建设项目,应当严格按照规划进行建设,以保证国防交通的需要。

第三十一条 因建设公路影响铁路、水利、电力、邮电设施和其他设施正常使用时,公路建设单位应当事先征得有关部门的同意;因公路建设对有关设施造成损坏的,公路建设单位应当按照不低于该设施原有的技术标准予以修复,或者给予相应的经济补偿。

第三十二条 改建公路时,施工单位应当在施工路段两端设置明显的施工标志、安全标志。需要车辆绕行的,应当在绕行路口设置标志;不能绕行的,必须修建临时道路,保证车辆和行人通行。

第三十三条 公路建设项目和公路修复项目竣工后,应当按照国家有关规定进行验收;未经验收或者验收不合格的,不得交付使用。

建成的公路,应当按照国务院交通主管部门的规定设置明显的标志、标线。

第三十五条 公路管理机构应当按照国务院交通主管部门规定的技术规范和操作规程对公路进行养护,保证公路经常处于良好的技术状态。

第三十九条 为保障公路养护人员的人身安全,公路养护人员进行养护作业时,应当穿着统一的安全标志服;利用车辆进行养护作业时,应当在公路作业车辆上设置明显的作业标志。

公路养护车辆进行作业时,在不影响过往车辆通行的前提下,其行驶路线和方向不受公路标志、标线限制;过往车辆对公路养护车辆和人员应当注意避让。

公路养护工程施工影响车辆、行人通行时,施工单位应当依照本法第三十二条的规定办理。

第四十条 因严重自然灾害致使国道、省道交通中断,公路管理机构应当及时修复;公路管理机构难以及时修复时,县级以上地方人民政府应当及时组织当地机关、团体、企业事业单位、城乡居民进行抢修,并可以请求当地驻军支援,尽快恢复交通。

第四十三条 各级地方人民政府应当采取措施,加强对公路的保护。

县级以上地方人民政府交通主管部门应当认真履行职责,依法做好公路保护工作,并努力采用科学的管理方法和先进的技术手段,提高公路管理水平,逐步完善公路服务设施,保障公路的完好、安全和畅通。

第四十七条 在大中型公路桥梁和渡口周围二百米、公路隧道上方和洞口外一百米范围内,以及在公路两侧一定距离内,不得挖砂、采石、取土、倾倒废弃物,不得进行爆破作业及其他危及公路、公路桥梁、公路隧道、公路渡口安全的活动。

在前款范围内因抢险、防汛需要修筑堤坝、压缩或者拓宽河床的,应当事先报经省、自治区、直辖市人民政府交通主管部门会同水行政主管部门批准,并采取有效的保护有关的公路、公路桥梁、公路隧道、公路渡口安全的措施。

第五十条 超过公路、公路桥梁、公路隧道或者汽车渡船的限载、限高、限宽、限长标准的车辆,不得在有限定标准的公路、公路桥梁上或者公路隧道内行驶,不得使用汽车渡船。超过公路或者公路桥梁限载标准确需行驶的,必须经县级以上地方人民政府交通主管部门批准,并按要求采取有效的防护措施;运载不可解体的超限物品的,应当按照指定的时间、路线、时速行驶,并悬挂明显标志。

运输单位不能按照前款规定采取防护措施的,由交通主管部门帮助其采取防护措施,所需费用由运输单位承担。

第五十四条 任何单位和个人未经县级以上地方人民政府交通主管部门批准,不得在公路用地范围内设置公路标志以外的其他标志。

第六十六条 依照本法第五十九条规定受让收费权或者由国内外经济组织投资建成经营的公路的养护工作,由各该公路经营企业负责。各该公路经营企业在经营期间应当按照国务院交通主管部门规定的技术规范和操作规程做好对公路的养护工作。在受让收费权的期限届满,或者经营期限届满时,公路应当处于良好的技术状态。

第六十九条 交通主管部门、公路管理机构依法对有关公路的法律、法规执行情况进行监督检查。

第七十条 交通主管部门、公路管理机构负有管理和保护公路的责任,有权检查、制止各种侵占、损坏公路、公路用地、公路附属设施及其他违反本法规定的行为。

第七十一条 公路监督检查人员依法在公路、建筑控制区、车辆停放场所、车辆所属单位等进行监督检查时,任何单位和个人不得阻挠。

公路经营者、使用者和其他有关单位、个人,应当接受公路监督检查人员依法实施的监督检查,并为其提供方便。

公路监督检查人员执行公务,应当佩戴标志,持证上岗。

第七十二条 交通主管部门、公路管理机构应当加强对所属公路监督检查人员的管理和教育,要求公路监督检查人员熟悉国家有关法律和规定,公正廉洁,热情服务,秉公执法,对公路监督检查人员的执法行为应当加强监督检查,对其违法行为应当及时纠正,依法处理。

第七十三条 用于公路监督检查的专用车辆,应当设置统一的标志和示警灯。

第七十四条 违反法律或者国务院有关规定,擅自在公路上设卡、收费的,由交通主管部门责令停止违法行为,没收违法所得,可以处违法所得三倍以下的罚款,没有违法所得的,可以处二万元以下的罚款;对负有直接责任的主管人员和其他直接责任人员,依法给予行政处分。

第七十九条 违反本法第五十四条规定,在公路用地范围内设置公路标志以外的其他标志的,由交通主管部门责令限期拆除,可以处二万元以下的罚款;逾期不拆除的,由交通主管部门拆除,有关费用由设置者负担。

第八十一条 违反本法第五十六条规定,在公路建筑控制区内修建建筑物、地面构筑物或者擅自埋设管线、电缆等设施的,由交通主管部门责令限期拆除,并可以处五万元以下的罚款。逾期不拆除的,由交通主管部门拆除,有关费用由建筑者、构筑者承担。

第八十六条 交通主管部门、公路管理机构的工作人员玩忽职守、徇私舞弊、滥用职权,构成犯罪的,依法追究刑事责任;尚不构成犯罪的,依法给予行政处分。

四、《道路交通安全法》中相关规定

第五条 国务院公安部门负责全国道路交通安全管理工作。县级以上地方各级人民政府公安机关交通管理部门负责本行政区域内的道路交通安全管理工作。

县级以上各级人民政府交通、建设管理部门依据各自职责,负责有关的道路交通工作。

第十五条 警车、消防车、救护车、工程救险车应当按照规定喷涂标志图案,安装警报器、标志灯具。其他机动车不得喷涂、安装、使用上述车辆专用的或者与其相类似的标志图案、警报器或者标志灯具。

警车、消防车、救护车、工程救险车应当严格按照规定的用途和条件使用。

公路监督检查的专用车辆,应当依照公路法的规定,设置统一的标志和示警灯。

第二十五条 全国实行统一的道路交通信号。

交通信号包括交通信号灯、交通标志、交通标线和交通警察的指挥。

交通信号灯、交通标志、交通标线的设置应当符合道路交通安全、畅通的要求和国家标准,并保持清晰、醒目、准确、完好。

根据通行需要,应当及时增设、调换、更新道路交通信号。增设、调换、更新限制性的道路交通信号,应当提前向社会公告,广泛进行宣传。

第二十八条 任何单位和个人不得擅自设置、移动、占用、损毁交通信号灯、交通标志、交通标线。

道路两侧及隔离带上种植的树木或者其他植物,设置的广告牌、管线等,应当与交通设施保持必要的距离,不得遮挡路灯、交通信号灯、交通标志,不得妨碍安全视距,不得影响通行。

第二十九条 道路、停车场和道路配套设施的规划、设计、建设,应当符合道路交通安全、畅通的要求,并根据交通需求及时调整。

公安机关交通管理部门发现已经投入使用的道路存在交通事故频发路段,或者停车场、道路配套设施存在交通安全严重隐患的,应当及时向当地人民政府报告,并提出防范交通事故、消除隐患的建议,当地人民政府应当及时作出处理决定。

第三十条 道路出现坍塌、坑漕、水毁、隆起等损毁或者交通信号灯、交通标志、交通标线等交通设施损毁、灭失的,道路、交通设施的养护部门或者管理部门应当设置警示标志并及时修复。

第三十二条 因工程建设需要占用、挖掘道路,或者跨越、穿越道路架设、增设管线设施,应当事先征得道路主管部门的同意;影响交通安全的,还应当征得公安机关交通管理部门的同意。

施工作业单位应当在经批准的路段和时间内施工作业,并在距离施工作业地点来车方向安全距离处设置明显的安全警示标志,采取防护措施;施工作业完毕,应当迅速清除道路上的障碍物,消除安全隐患,经道路主管部门和公安机关交通管理部门验收合格,符合通行要求后,方可恢复通行。

对未中断交通的施工作业道路,公安机关交通管理部门应当加强交通安全监督检查,维护道路交通秩序。

第一百零四条 未经批准,擅自挖掘道路、占用道路施工或者从事其他影响道路交通安全活动的,由道路主管部门责令停止违法行为,并恢复原状,可以依法给予罚款;致使通行的人员、车辆及其他财产遭受损失的,依法承担赔偿责任。

有前款行为,影响道路交通安全活动的,公安机关交通管理部门可以责令停止违法行为,迅速恢复交通。

第一百零五条 道路施工作业或者道路出现损毁,未及时设置警示标志、未采取防护措施,或者应当设置交通信号灯、交通标志、交通标线而没有设置或者应当及时变更交通信号灯、交通标志、交通标线而没有及时变更,致使通行的人员、车辆及其他财产遭受损失的,负有相关职责的单位应当依法承担赔偿责任。

第一百零六条 在道路两侧及隔离带上种植树木、其他植物或者设置广告牌、管线等,遮挡路灯、交通信号灯、交通标志,妨碍安全视距的,由公安机关交通管理部门责令行为人排除妨碍;拒不执行的,处二百元以上二千元以下罚款,并强制排除妨碍,所需费用由行为人负担。

五、《民法典》中相关规定

第一千二百四十三条 未经许可进入高度危险活动区域或者高度危险物存放区域受到损害,管理人能够证明已经采取足够安全措施并尽到充分警示义务的,可以减轻或者不承担责任。

第一千二百五十二条 建筑物、构筑物或者其他设施倒塌、塌陷造成他人损害的,由建设单位与施工单位承担连带责任,但是建设单位与施工单位能够证明不存在质量缺陷的除外。建设单位、施工单位赔偿后,有其他责任人的,有权向其他责任人追偿。

因所有人、管理人、使用人或者第三人的原因,建筑物、构筑物或者其他设施倒塌、塌陷造成他人损害的,由所有人、管理人、使用人或者第三人承担侵权责任。

第一千二百五十三条 建筑物、构筑物或者其他设施及其搁置物、悬挂物发生脱落、坠落造成他人损害,所有人、管理人或者使用人不能证明自己没有过错的,应当承担侵权责任。所有人、管理人或者使用人赔偿后,有其他责任人的,有权向其他责任人追偿。

第一千二百五十四条 禁止从建筑物中抛掷物品。从建筑物中抛掷物品或者从建筑物上坠落的物品造成他人损害的,由侵权人依法承担侵权责任;经调查难以确定具体侵权人的,除能够证明自己不是侵权人的外,由可能加害的建筑物使用人给予补偿。可能加害的建筑物使用人补偿后,有权向侵权人追偿。

物业服务企业等建筑物管理人应当采取必要的安全保障措施防止前款规定情形的发生;未采取必要的安全保障措施的,应当依法承担未履行安全保障义务的侵权责任。

第一千二百五十五条 堆放物倒塌、滚落或者滑落造成他人损害,堆放人不能证明自己没有过错的,应当承担侵权责任。

第一千二百五十六条 在公共道路上堆放、倾倒、遗撒妨碍通行的物品造成他人损害的,由行为人承担侵权责任。公共道路管理人不能证明已经尽到清理、防护、警示等义务的,应当承担相应的责任。

第一千二百五十八条 在公共场所或者道路上挖掘、修缮安装地下设施等造成他人损害,施工人不能证明已经设置明显标志和采取安全措施的,应当承担侵权责任。

窨井等地下设施造成他人损害,管理人不能证明尽到管理职责的,应当承担侵权责任。

六、《突发事件应对法》中相关规定

第十七条 国家建立健全突发事件应急预案体系。

国务院制定国家突发事件总体应急预案,组织制定国家突发事件专项应急预案;国务院有关部门根据各自的职责和国务院相关应急预案,制定国家突发事件部门应急预案。

地方各级人民政府和县级以上地方各级人民政府有关部门根据有关法律、法规、规章、上级人民政府及其有关部门的应急预案以及本地区的实际情况,制定相应的突发事件应急预案。

应急预案制定机关应当根据实际需要和情势变化,适时修订应急预案。应急预案的制定、修订程序由国务院规定。

第二十二条 所有单位应当建立健全安全管理制度,定期检查本单位各项安全防范措施的落实情况,及时消除事故隐患;掌握并及时处理本单位存在的可能引发社会安全事件的问题,防止矛盾激化和事态扩大;对本单位可能发生的突发事件和采取安全防范措施的情况,应当按照规定及时向所在地人民政府或者人民政府有关部门报告。

第二十四条 公共交通工具、公共场所和其他人员密集场所的经营单位或者管理单位应当制定具体应急预案,为交通工具和有关场所配备报警装置和必要的应急救援设备、设施,注明其使用方法,并显著标明安全撤离的通道、路线,保证安全通道、出口的畅通。

有关单位应当定期检测、维护其报警装置和应急救援设备、设施,使其处于良好状态,确保正常使用。

第二十五条 县级以上人民政府应当建立健全突发事件应急管理培训制度,对人民政府及其有关部门负有处置突发事件职责的工作人员定期进行培训。

第二十六条 县级以上人民政府应当整合应急资源,建立或者确定综合性应急救援队伍。人民政府有关部门可以根据实际需要设立专业应急救援队伍。

县级以上人民政府及其有关部门可以建立由成年志愿者组成的应急救援队伍。单位应当建立由本单位职工组成的专职或者兼职应急救援队伍。

县级以上人民政府应当加强专业应急救援队伍与非专业应急救援队伍的合作,联合培训、联合演练,提高合成应急、协同应急的能力。

第二十九条 县级人民政府及其有关部门、乡级人民政府、街道办事处应当组织开展应急知识的宣传普及活动和必要的应急演练。

居民委员会、村民委员会、企业事业单位应当根据所在地人民政府的要求,结合各自的实际情况,开展有关突发事件应急知识的宣传普及活动和必要的应急演练。

第三十七条 国务院建立全国统一的突发事件信息系统。

县级以上地方各级人民政府应当建立或者确定本地区统一的突发事件信息系统,汇集、储存、分析、传输有关突发事件的信息,并与上级人民政府及其有关部门、下级人民政府及其有关部门、专业机构和监测网点的突发事件信息系统实现互联互通,加强跨部门、跨地区的信息交流与情报合作。

第三十八条 县级以上人民政府及其有关部门、专业机构应当通过多种途径收集突发事件信息。

县级人民政府应当在居民委员会、村民委员会和有关单位建立专职或者兼职信息报告员制度。

获悉突发事件信息的公民、法人或者其他组织,应当立即向所在地人民政府、有关主管部门或者指定的专业机构报告。

第三十九条 地方各级人民政府应当按照国家有关规定向上级人民政府报送突发事件信息。县级以上人民政府有关主管部门应当向本级人民政府相关部门通报突发事件信息。专业机构、监测网点和信息报告员应当及时向所在地人民政府及其有关主管部门报告突发事件信息。

有关单位和人员报送、报告突发事件信息,应当做到及时、客观、真实,不得迟报、谎报、瞒报、漏报。

第六十四条 有关单位有下列情形之一的,由所在地履行统一领导职责的人民政府责令停产停业,暂扣或者吊销许可证或者营业执照,并处五万元以上二十万元以下的罚款;构成违反治安管理行为的,由公安机关依法给予处罚:

(一)未按规定采取预防措施,导致发生严重突发事件的;

(二)未及时消除已发现的可能引发突发事件的隐患,导致发生严重突发事件的;

(三)未做好应急设备、设施日常维护、检测工作,导致发生严重突发事件或者突发事件危害扩大的;

(四)突发事件发生后,不及时组织开展应急救援工作,造成严重后果的。

第二节 法规层面主要规定

道路设施及安全管理在法规层面主要涉及《生产安全事故报告和调查处理条例》《公路安全保护条例》《收费公路管理条例》《突发事件应急预案管理办法》《建设工程质量管理条例》《建设工程安全生产管理条例》《道路交通安全法实施条例》等相关规定。

一、《生产安全事故报告和调查处理条例》中相关规定

第四条 事故报告应当及时、准确、完整,任何单位和个人对事故不得迟报、漏报、谎报或者瞒报。

事故调查处理应当坚持实事求是、尊重科学的原则,及时、准确地查清事故经过、事故原因和事故损失,查明事故性质,认定事故责任,总结事故教训,提出整改措施,并对事故责任

者依法追究责任。

第九条 事故发生后,事故现场有关人员应当立即向本单位负责人报告;单位负责人接到报告后,应当于1小时内向事故发生地县级以上人民政府安全生产监督管理部门和负有安全生产监督管理职责的有关部门报告。

情况紧急时,事故现场有关人员可以直接向事故发生地县级以上人民政府安全生产监督管理部门和负有安全生产监督管理职责的有关部门报告。

第十四条 事故发生单位负责人接到事故报告后,应当立即启动事故相应应急预案,或者采取有效措施,组织抢救,防止事故扩大,减少人员伤亡和财产损失。

第十五条 事故发生地有关地方人民政府、安全生产监督管理部门和负有安全生产监督管理职责的有关部门接到事故报告后,其负责人应当立即赶赴事故现场,组织事故救援。

第十六条 事故发生后,有关单位和人员应当妥善保护事故现场以及相关证据,任何单位和个人不得破坏事故现场、毁灭相关证据。

因抢救人员、防止事故扩大以及疏通交通等原因,需要移动事故现场物件的,应当做出标志,绘制现场简图并做出书面记录,妥善保存现场重要痕迹、物证。

第十八条 安全生产监督管理部门和负有安全生产监督管理职责的有关部门应当建立值班制度,并向社会公布值班电话,受理事故报告和举报。

第二十六条 事故调查组有权向有关单位和个人了解与事故有关的情况,并要求其提供相关文件、资料,有关单位和个人不得拒绝。

事故发生单位的负责人和有关人员在事故调查期间不得擅离职守,并应当随时接受事故调查组的询问,如实提供有关情况。

事故调查中发现涉嫌犯罪的,事故调查组应当及时将有关材料或者其复印件移交司法机关处理。

第三十二条 重大事故、较大事故、一般事故,负责事故调查的人民政府应当自收到事故调查报告之日起15日内做出批复;特别重大事故,30日内做出批复,特殊情况下,批复时间可以适当延长,但延长的时间最长不超过30日。

事故发生单位应当按照负责事故调查的人民政府的批复,对本单位负有事故责任的人员进行处理。

负有事故责任的人员涉嫌犯罪的,依法追究刑事责任。

第三十三条 事故发生单位应当认真吸取事故教训,落实防范和整改措施,防止事故再次发生。防范和整改措施的落实情况应当接受工会和职工的监督。

安全生产监督管理部门和负有安全生产监督管理职责的有关部门应当对事故发生单位落实防范和整改措施的情况进行监督检查。

第三十五条 事故发生单位主要负责人有下列行为之一的,处上一年年收入40%至80%的罚款;属于国家工作人员的,并依法给予处分;构成犯罪的,依法追究刑事责任:

(一)不立即组织事故抢救的;

(二)迟报或者漏报事故的;

(三)在事故调查处理期间擅离职守的。

第三十六条 事故发生单位及其有关人员有下列行为之一的,对事故发生单位处100

万元以上 500 万元以下的罚款;对主要负责人、直接负责的主管人员和其他直接责任人员处上一年年收入 60% 至 100% 的罚款;属于国家工作人员的,并依法给予处分;构成违反治安管理行为的,由公安机关依法给予治安管理处罚;构成犯罪的,依法追究刑事责任:

(一)谎报或者瞒报事故的;

(二)伪造或者故意破坏事故现场的;

(三)转移、隐匿资金、财产,或者销毁有关证据、资料的;

(四)拒绝接受调查或者拒绝提供有关情况和资料的;

(五)在事故调查中作伪证或者指使他人作伪证的;

(六)事故发生后逃匿的。

第三十七条 事故发生单位对事故发生负有责任的,依照下列规定处以罚款:

(一)发生一般事故的,处 10 万元以上 20 万元以下的罚款;

(二)发生较大事故的,处 20 万元以上 50 万元以下的罚款;

(三)发生重大事故的,处 50 万元以上 200 万元以下的罚款;

(四)发生特别重大事故的,处 200 万元以上 500 万元以下的罚款。

第三十八条 事故发生单位主要负责人未依法履行安全生产管理职责,导致事故发生的,依照下列规定处以罚款;属于国家工作人员的,并依法给予处分;构成犯罪的,依法追究刑事责任:

(一)发生一般事故的,处上一年年收入 30% 的罚款;

(二)发生较大事故的,处上一年年收入 40% 的罚款;

(三)发生重大事故的,处上一年年收入 60% 的罚款;

(四)发生特别重大事故的,处上一年年收入 80% 的罚款。

第三十九条 有关地方人民政府、安全生产监督管理部门和负有安全生产监督管理职责的有关部门有下列行为之一的,对直接负责的主管人员和其他直接责任人员依法给予处分;构成犯罪的,依法追究刑事责任:

(一)不立即组织事故抢救的;

(二)迟报、漏报、谎报或者瞒报事故的;

(三)阻碍、干涉事故调查工作的;

(四)在事故调查中作伪证或者指使他人作伪证的。

第四十条 事故发生单位对事故发生负有责任的,由有关部门依法暂扣或者吊销其有关证照;对事故发生单位负有事故责任的有关人员,依法暂停或者撤销其与安全生产有关的执业资格、岗位证书;事故发生单位主要负责人受到刑事处罚或者撤职处分的,自刑罚执行完毕或者受处分之日起,5 年内不得担任任何生产经营单位的主要负责人。

为发生事故的单位提供虚假证明的中介机构,由有关部门依法暂扣或者吊销其有关证照及其相关人员的执业资格;构成犯罪的,依法追究刑事责任。

二、《公路安全保护条例》中相关规定

第三条 国务院交通运输主管部门主管全国公路保护工作。

县级以上地方人民政府交通运输主管部门主管本行政区域的公路保护工作;但是,县级

以上地方人民政府交通运输主管部门对国道、省道的保护职责,由省、自治区、直辖市人民政府确定。

公路管理机构依照本条例的规定具体负责公路保护的监督管理工作。

第六条 县级以上各级人民政府交通运输主管部门应当综合考虑国家有关车辆技术标准、公路使用状况等因素,逐步提高公路建设、管理和养护水平,努力满足国民经济和社会发展以及人民群众生产、生活需要。

第七条 县级以上各级人民政府交通运输主管部门应当依照《中华人民共和国突发事件应对法》的规定,制定地震、泥石流、雨雪冰冻灾害等损毁公路的突发事件(以下简称公路突发事件)应急预案,报本级人民政府批准后实施。

公路管理机构、公路经营企业应当根据交通运输主管部门制定的公路突发事件应急预案,组建应急队伍,并定期组织应急演练。

第九条 任何单位和个人不得破坏、损坏、非法占用或者非法利用公路、公路用地和公路附属设施。

第十条 公路管理机构应当建立健全公路管理档案,对公路、公路用地和公路附属设施调查核实、登记造册。

第二十七条 进行下列涉路施工活动,建设单位应当向公路管理机构提出申请:

(一)因修建铁路、机场、供电、水利、通信等建设工程需要占用、挖掘公路、公路用地或者使公路改线;

(二)跨越、穿越公路修建桥梁、渡槽或者架设、埋设管道、电缆等设施;

(三)在公路用地范围内架设、埋设管道、电缆等设施;

(四)利用公路桥梁、公路隧道、涵洞铺设电缆等设施;

(五)利用跨越公路的设施悬挂非公路标志;

(六)在公路上增设或者改造平面交叉道口;

(七)在公路建筑控制区内埋设管道、电缆等设施。

第二十八条 申请进行涉路施工活动的建设单位应当向公路管理机构提交下列材料:

(一)符合有关技术标准、规范要求的设计和施工方案;

(二)保障公路、公路附属设施质量和安全的技术评价报告;

(三)处置施工险情和意外事故的应急方案。

公路管理机构应当自受理申请之日起20日内作出许可或者不予许可的决定;影响交通安全的,应当征得公安机关交通管理部门的同意;涉及经营性公路的,应当征求公路经营企业的意见;不予许可的,公路管理机构应当书面通知申请人并说明理由。

第二十九条 建设单位应当按照许可的设计和施工方案进行施工作业,并落实保障公路、公路附属设施质量和安全的防护措施。

涉路施工完毕,公路管理机构应当对公路、公路附属设施是否达到规定的技术标准以及施工是否符合保障公路、公路附属设施质量和安全的要求进行验收;影响交通安全的,还应当经公安机关交通管理部门验收。

涉路工程设施的所有人、管理人应当加强维护和管理,确保工程设施不影响公路的完好、安全和畅通。

第三十三条 超过公路、公路桥梁、公路隧道限载、限高、限宽、限长标准的车辆,不得在公路、公路桥梁或者公路隧道行驶;超过汽车渡船限载、限高、限宽、限长标准的车辆,不得使用汽车渡船。

公路、公路桥梁、公路隧道限载、限高、限宽、限长标准调整的,公路管理机构、公路经营企业应当及时变更限载、限高、限宽、限长标志;需要绕行的,还应当标明绕行路线。

第三十四条 县级人民政府交通运输主管部门或者乡级人民政府可以根据保护乡道、村道的需要,在乡道、村道的出入口设置必要的限高、限宽设施,但是不得影响消防和卫生急救等应急通行需要,不得向通行车辆收费。

第三十七条 公路管理机构审批超限运输申请,应当根据实际情况勘测通行路线,需要采取加固、改造措施的,可以与申请人签订有关协议,制定相应的加固、改造方案。

公路管理机构应当根据其制定的加固、改造方案,对通行的公路桥梁、涵洞等设施进行加固、改造;必要时应当对超限运输车辆进行监管。

第三十八条 公路管理机构批准超限运输申请的,应当为超限运输车辆配发国务院交通运输主管部门规定式样的超限运输车辆通行证。

经批准进行超限运输的车辆,应当随车携带超限运输车辆通行证,按照指定的时间、路线和速度行驶,并悬挂明显标志。

禁止租借、转让超限运输车辆通行证。禁止使用伪造、变造的超限运输车辆通行证。

第三十九条 经省、自治区、直辖市人民政府批准,有关交通运输主管部门可以设立固定超限检测站点,配备必要的设备和人员。

固定超限检测站点应当规范执法,并公布监督电话。公路管理机构应当加强对固定超限检测站点的管理。

第四十条 公路管理机构在监督检查中发现车辆超过公路、公路桥梁、公路隧道或者汽车渡船的限载、限高、限宽、限长标准的,应当就近引导至固定超限检测站点进行处理。

车辆应当按照超限检测指示标志或者公路管理机构监督检查人员的指挥接受超限检测,不得故意堵塞固定超限检测站点通行车道、强行通过固定超限检测站点或者以其他方式扰乱超限检测秩序,不得采取短途驳载等方式逃避超限检测。

禁止通过引路绕行等方式为不符合国家有关载运标准的车辆逃避超限检测提供便利。

第四十一条 煤炭、水泥等货物集散地以及货运站等场所的经营人、管理人应当采取有效措施,防止不符合国家有关载运标准的车辆出场(站)。

道路运输管理机构应当加强对煤炭、水泥等货物集散地以及货运站等场所的监督检查,制止不符合国家有关载运标准的车辆出场(站)。

任何单位和个人不得指使、强令车辆驾驶人超限运输货物,不得阻碍道路运输管理机构依法进行监督检查。

第四十二条 载运易燃、易爆、剧毒、放射性等危险物品的车辆,应当符合国家有关安全管理规定,并避免通过特大型公路桥梁或者特长公路隧道;确需通过特大型公路桥梁或者特长公路隧道的,负责审批易燃、易爆、剧毒、放射性等危险物品运输许可的机关应当提前将行驶时间、路线通知特大型公路桥梁或者特长公路隧道的管理单位,并对在特大型公路桥梁或者特长公路隧道行驶的车辆进行现场监管。

第四十三条 车辆应当规范装载,装载物不得触地拖行。车辆装载物易掉落、遗洒或者飘散的,应当采取厢式密闭等有效防护措施方可在公路上行驶。

公路上行驶车辆的装载物掉落、遗洒或者飘散的,车辆驾驶人、押运人员应当及时采取措施处理;无法处理的,应当在掉落、遗洒或者飘散物来车方向适当距离外设置警示标志,并迅速报告公路管理机构或者公安机关交通管理部门。其他人员发现公路上有影响交通安全的障碍物的,也应当及时报告公路管理机构或者公安机关交通管理部门。公安机关交通管理部门应当责令改正车辆装载物掉落、遗洒、飘散等违法行为;公路管理机构、公路经营企业应当及时清除掉落、遗洒、飘散在公路上的障碍物。

第四十四条 公路管理机构、公路经营企业应当加强公路养护,保证公路经常处于良好技术状态。

前款所称良好技术状态,是指公路自身的物理状态符合有关技术标准的要求,包括路面平整,路肩、边坡平顺,有关设施完好。

第四十五条 公路养护应当按照国务院交通运输主管部门规定的技术规范和操作规程实施作业。

第四十七条 公路管理机构、公路经营企业应当按照国务院交通运输主管部门的规定对公路进行巡查,并制作巡查记录;发现公路坍塌、坑槽、隆起等损毁的,应当及时设置警示标志,并采取措施修复。

公安机关交通管理部门发现公路坍塌、坑槽、隆起等损毁,危及交通安全的,应当及时采取措施,疏导交通,并通知公路管理机构或者公路经营企业。

其他人员发现公路坍塌、坑槽、隆起等损毁的,应当及时向公路管理机构、公安机关交通管理部门报告。

第四十八条 公路管理机构、公路经营企业应当定期对公路、公路桥梁、公路隧道进行检测和评定,保证其技术状态符合有关技术标准;对经检测发现不符合车辆通行安全要求的,应当进行维修,及时向社会公告,并通知公安机关交通管理部门。

第四十九条 公路管理机构、公路经营企业应当定期检查公路隧道的排水、通风、照明、监控、报警、消防、救助等设施,保持设施处于完好状态。

第五十条 公路管理机构应当统筹安排公路养护作业计划,避免集中进行公路养护作业造成交通堵塞。

在省、自治区、直辖市交界区域进行公路养护作业,可能造成交通堵塞的,有关公路管理机构、公安机关交通管理部门应当事先书面通报相邻的省、自治区、直辖市公路管理机构、公安机关交通管理部门,共同制定疏导预案,确定分流路线。

第五十一条 公路养护作业需要封闭公路的,或者占用半幅公路进行作业,作业路段长度在2公里以上,并且作业期限超过30日的,除紧急情况外,公路养护作业单位应当在作业开始之日前5日向社会公告,明确绕行路线,并在绕行处设置标志;不能绕行的,应当修建临时道路。

第五十二条 公路养护作业人员作业时,应当穿着统一的安全标志服。公路养护车辆、机械设备作业时,应当设置明显的作业标志,开启危险报警闪光灯。

第五十三条 发生公路突发事件影响通行的,公路管理机构、公路经营企业应当及时修复公路、恢复通行。设区的市级以上人民政府交通运输主管部门应当根据修复公路、恢复通行的需要，及时调集抢修力量，统筹安排有关作业计划，下达路网调度指令，配合有关部门组织绕行、分流。

设区的市级以上公路管理机构应当按照国务院交通运输主管部门的规定收集、汇总公路损毁、公路交通流量等信息，开展公路突发事件的监测、预报和预警工作，并利用多种方式及时向社会发布有关公路运行信息。

第五十六条 违反本条例的规定，有下列情形之一的，由公路管理机构责令限期拆除，可以处5万元以下的罚款。逾期不拆除的，由公路管理机构拆除，有关费用由违法行为人承担：

（一）在公路建筑控制区内修建、扩建建筑物、地面构筑物或者未经许可埋设管道、电缆等设施的；

（二）在公路建筑控制区外修建的建筑物、地面构筑物以及其他设施遮挡公路标志或者妨碍安全视距的。

三、《收费公路管理条例》中相关规定

第二十六条 收费公路经营管理者应当按照国家规定的标准和规范，对收费公路及沿线设施进行日常检查、维护，保证收费公路处于良好的技术状态，为通行车辆及人员提供优质服务。

收费公路的养护应当严格按照工期施工、竣工，不得拖延工期，不得影响车辆安全通行。

第二十八条 收费公路经营管理者应当按照国家规定的标准，结合公路交通状况、沿线设施等情况，设置交通标志、标线。

交通标志、标线必须清晰、准确、易于识别。重要的通行信息应当重复提示。

第二十九条 收费道口的设置，应当符合车辆行驶安全的要求；收费道口的数量，应当符合车辆快速通过的需要，不得造成车辆堵塞。

第三十一条 遇有公路损坏、施工或者发生交通事故等影响车辆正常安全行驶的情形时，收费公路经营管理者应当在现场设置安全防护设施，并在收费公路出入口进行限速、警示提示，或者利用收费公路沿线可变信息板等设施予以公告；造成交通堵塞时，应当及时报告有关部门并协助疏导交通。

遇有公路严重损毁、恶劣气象条件或者重大交通事故等严重影响车辆安全通行的情形时，公安机关应当根据情况，依法采取限速通行、关闭公路等交通管制措施。收费公路经营管理者应当积极配合公安机关，及时将有关交通管制的信息向通行车辆进行提示。

第三十三条 收费公路经营管理者对依法应当交纳而拒交、逃交、少交车辆通行费的车辆，有权拒绝其通行，并要求其补交应交纳的车辆通行费。

任何人不得为拒交、逃交、少交车辆通行费而故意堵塞收费道口、强行冲卡、殴打收费公路管理人员、破坏收费设施或者从事其他扰乱收费公路经营管理秩序的活动。

发生前款规定的扰乱收费公路经营管理秩序行为时，收费公路经营管理者应当及时报告公安机关，由公安机关依法予以处理。

第三十四条 在收费公路上行驶的车辆不得超载。

发现车辆超载时,收费公路经营管理者应当及时报告公安机关,由公安机关依法予以处理。

第四十三条 国务院交通主管部门和省、自治区、直辖市人民政府交通主管部门应当对收费公路实施监督检查,督促收费公路经营管理者依法履行公路养护、绿化和公路用地范围内的水土保持义务。

四、《突发事件应急预案管理办法》中相关规定

第十七条 预案编制工作小组或牵头单位应当将预案送审稿及各有关单位复函和意见采纳情况说明、编制工作说明等有关材料报送应急预案审批单位。因保密等原因需要发布应急预案简本的,应当将应急预案简本一起报送审批。

第二十条 应急预案审批单位应当在应急预案印发后的20个工作日内依照下列规定向有关单位备案:

(一)地方人民政府总体应急预案报送上一级人民政府备案。

(二)地方人民政府专项应急预案抄送上一级人民政府有关主管部门备案。

(三)部门应急预案报送本级人民政府备案。

(四)涉及需要与所在地政府联合应急处置的中央单位应急预案,应当向所在地县级人民政府备案。

法律、行政法规另有规定的从其规定。

第二十二条 应急预案编制单位应当建立应急演练制度,根据实际情况采取实战演练、桌面推演等方式,组织开展人员广泛参与、处置联动性强、形式多样、节约高效的应急演练。

专项应急预案、部门应急预案至少每3年进行一次应急演练。

地震、台风、洪涝、滑坡、山洪泥石流等自然灾害易发区域所在地政府,重要基础设施和城市供水、供电、供气、供热等生命线工程经营管理单位,矿山、建筑施工单位和易燃易爆物品、危险化学品、放射性物品等危险物品生产、经营、储运、使用单位,公共交通工具、公共场所和医院、学校等人员密集场所的经营单位或者管理单位等,应当有针对性地经常组织开展应急演练。

第二十三条 应急演练组织单位应当组织演练评估。评估的主要内容包括:演练的执行情况,预案的合理性与可操作性,指挥协调和应急联动情况,应急人员的处置情况,演练所用设备装备的适用性,对完善预案、应急准备、应急机制、应急措施等方面的意见和建议等。

鼓励委托第三方进行演练评估。

第二十八条 应急预案编制单位应当通过编发培训材料、举办培训班、开展工作研讨等方式,对与应急预案实施密切相关的管理人员和专业救援人员等组织开展应急预案培训。

各级政府及其有关部门应将应急预案培训作为应急管理培训的重要内容,纳入领导干部培训、公务员培训、应急管理干部日常培训内容。

五、《建设工程质量管理条例》中相关规定

第三条 建设单位、勘察单位、设计单位、施工单位、工程监理单位依法对建设工程质量负责。

第四条 县级以上人民政府建设行政主管部门和其他有关部门应当加强对建设工程质量的监督管理。

第八条 建设单位应当依法对工程建设项目的勘察、设计、施工、监理以及与工程建设有关的重要设备、材料等的采购进行招标。

第十二条 实行监理的建设工程,建设单位应当委托具有相应资质等级的工程监理单位进行监理,也可以委托具有工程监理相应资质等级并与被监理工程的施工承包单位没有隶属关系或者其他利害关系的该工程的设计单位进行监理。

下列建设工程必须实行监理:

(一)国家重点建设工程;

(二)大中型公用事业工程;

(三)成片开发建设的住宅小区工程;

(四)利用外国政府或者国际组织贷款、援助资金的工程;

(五)国家规定必须实行监理的其他工程。

第十六条 建设单位收到建设工程竣工报告后,应当组织设计、施工、工程监理等有关单位进行竣工验收。

建设工程竣工验收应当具备下列条件:

(一)完成建设工程设计和合同约定的各项内容;

(二)有完整的技术档案和施工管理资料;

(三)有工程使用的主要建筑材料、建筑构配件和设备的进场试验报告;

(四)有勘察、设计、施工、工程监理等单位分别签署的质量合格文件;

(五)有施工单位签署的工程保修书。

建设工程经验收合格的,方可交付使用。

第三十六条 工程监理单位应当依照法律、法规以及有关技术标准、设计文件和建设工程承包合同,代表建设单位对施工质量实施监理。

第四十三条 国家实行建设工程质量监督管理制度。

国务院建设行政主管部门对全国的建设工程质量实施统一监督管理。国务院铁路、交通、水利等有关部门按照国务院规定的职责分工,负责对全国的有关专业建设工程质量的监督管理。

县级以上地方人民政府建设行政主管部门对本行政区域内的建设工程质量实施监督管理。县级以上地方人民政府交通、水利等有关部门在各自的职责范围内,负责对本行政区域内的专业建设工程质量的监督管理。

第四十四条 国务院建设行政主管部门和国务院铁路、交通、水利等有关部门应当加强对有关建设工程质量的法律、法规和强制性标准执行情况的监督检查。

六、《建设工程安全生产管理条例》中相关规定

第五十七条 违反本条例的规定,工程监理单位有下列行为之一的,责令限期改正;逾期未改正的,责令停业整顿,并处10万元以上30万元以下的罚款;情节严重的,降低资质等级,直至吊销资质证书;造成重大安全事故,构成犯罪的,对直接责任人员,依照刑法有关规

定追究刑事责任;造成损失的,依法承担赔偿责任:

（一）未对施工组织设计中的安全技术措施或者专项施工方案进行审查的;
（二）发现安全事故隐患未及时要求施工单位整改或者暂时停止施工的;
（三）施工单位拒不整改或者不停止施工,未及时向有关主管部门报告的;
（四）未依照法律、法规和工程建设强制性标准实施监理的。

七、《道路交通安全法实施条例》中相关规定

第三十五条 道路养护施工单位在道路上进行养护、维修时,应当按照规定设置规范的安全警示标志和安全防护设施。道路养护施工作业车辆、机械应当安装示警灯,喷涂明显的标志图案,作业时应当开启示警灯和危险报警闪光灯。对未中断交通的施工作业道路,公安机关交通管理部门应当加强交通安全监督检查。发生交通阻塞时,及时做好分流、疏导,维护交通秩序。

道路施工需要车辆绕行的,施工单位应当在绕行处设置标志;不能绕行的,应当修建临时通道,保证车辆和行人通行。需要封闭道路中断交通的,除紧急情况外,应当提前5日向社会公告。

第三十六条 道路或者交通设施养护部门、管理部门应当在急弯、陡坡、临崖、临水等危险路段,按照国家标准设置警告标志和安全防护设施。

第三十七条 道路交通标志、标线不规范,机动车驾驶人容易发生辨认错误的,交通标志、标线的主管部门应当及时予以改善。

道路照明设施应当符合道路建设技术规范,保持照明功能完好。

第八十一条 机动车在高速公路上行驶,遇有雾、雨、雪、沙尘、冰雹等低能见度气象条件时,应当遵守下列规定:

（一）能见度小于200米时,开启雾灯、近光灯、示廓灯和前后位灯,车速不得超过每小时60公里,与同车道前车保持100米以上的距离;
（二）能见度小于100米时,开启雾灯、近光灯、示廓灯、前后位灯和危险报警闪光灯,车速不得超过每小时40公里,与同车道前车保持50米以上的距离;
（三）能见度小于50米时,开启雾灯、近光灯、示廓灯、前后位灯和危险报警闪光灯,车速不得超过每小时20公里,并从最近的出口尽快驶离高速公路。

遇有前款规定情形时,高速公路管理部门应当通过显示屏等方式发布速度限制、保持车距等提示信息。

第三节 部门规章层面主要规定

道路设施及安全管理在部门规章层面主要涉及《生产安全事故应急预案管理办法》《道路交通事故处理程序规定》《建设工程质量检测管理办法》《路政管理规定》《公路水运工程安全生产监督管理办法》等相关规定。

一、《生产安全事故应急预案管理办法》中相关规定

第四条 国家安全生产监督管理总局负责全国应急预案的综合协调管理工作。

县级以上地方各级安全生产监督管理部门负责本行政区域内应急预案的综合协调管理工作。县级以上地方各级其他负有安全生产监督管理职责的部门按照各自的职责负责有关行业、领域应急预案的管理工作。

第五条 生产经营单位主要负责人负责组织编制和实施本单位的应急预案,并对应急预案的真实性和实用性负责;各分管负责人应当按照职责分工落实应急预案规定的职责。

第十二条 生产经营单位应当根据有关法律、法规、规章和相关标准,结合本单位组织管理体系、生产规模和可能发生的事故特点,与相关预案保持衔接,确立本单位的应急预案体系,编制相应的应急预案,并体现自救互救和先期处置等特点。

第十三条 生产经营单位风险种类多、可能发生多种类型事故的,应当组织编制综合应急预案。

综合应急预案应当规定应急组织机构及其职责、应急预案体系、事故风险描述、预警及信息报告、应急响应、保障措施、应急预案管理等内容。

第十四条 对于某一种或者多种类型的事故风险,生产经营单位可以编制相应的专项应急预案,或将专项应急预案并入综合应急预案。

专项应急预案应当规定应急指挥机构与职责、处置程序和措施等内容。

第十五条 对于危险性较大的场所、装置或者设施,生产经营单位应当编制现场处置方案。

现场处置方案应当规定应急工作职责、应急处置措施和注意事项等内容。

事故风险单一、危险性小的生产经营单位,可以只编制现场处置方案。

第十六条 生产经营单位应急预案应当包括向上级应急管理机构报告的内容、应急组织机构和人员的联系方式、应急物资储备清单等附件信息。附件信息发生变化时,应当及时更新,确保准确有效。

第十七条 生产经营单位组织应急预案编制过程中,应当根据法律、法规、规章的规定或者实际需要,征求相关应急救援队伍、公民、法人或其他组织的意见。

第十八条 生产经营单位编制的各类应急预案之间应当相互衔接,并与相关人民政府及其部门、应急救援队伍和涉及的其他单位的应急预案相衔接。

第十九条 生产经营单位应当在编制应急预案的基础上,针对工作场所、岗位的特点,编制简明、实用、有效的应急处置卡。

应急处置卡应当规定重点岗位、人员的应急处置程序和措施,以及相关联络人员和联系方式,便于从业人员携带。

第二十一条 矿山、金属冶炼企业和易燃易爆物品、危险化学品的生产、经营(带储存设施的,下同)、储存、运输企业,以及使用危险化学品达到国家规定数量的化工企业、烟花爆竹生产、批发经营企业和中型规模以上的其他生产经营单位,应当对本单位编制的应急预案进行评审,并形成书面评审纪要。

前款规定以外的其他生产经营单位可以根据自身需要,对本单位编制的应急预案进行论证。

第三十条 各级安全生产监督管理部门、各类生产经营单位应当采取多种形式开展应急预案的宣传教育,普及生产安全事故避险、自救和互救知识,提高从业人员和社会公众的安全意识与应急处置技能。

第三十一条 生产经营单位应当组织开展本单位的应急预案、应急知识、自救互救和避险逃生技能的培训活动,使有关人员了解应急预案内容,熟悉应急职责、应急处置程序和措施。

应急培训的时间、地点、内容、师资、参加人员和考核结果等情况应当如实记入本单位的安全生产教育和培训档案。

二、《道路交通事故处理程序规定》中相关规定

第二十九条 对发生一次死亡三人以上道路交通事故的,公安机关交通管理部门应当开展深度调查;对造成其他严重后果或者存在严重安全问题的道路交通事故,可以开展深度调查。具体程序另行规定。

三、《建设工程质量检测管理办法》中相关规定

第二十九条 检测机构违反本办法规定,有下列行为之一的,由县级以上地方人民政府建设主管部门责令改正,可并处1万元以上3万元以下的罚款;构成犯罪的,依法追究刑事责任:

(一)超出资质范围从事检测活动的;
(二)涂改、倒卖、出租、出借、转让资质证书的;
(三)使用不符合条件的检测人员的;
(四)未按规定上报发现的违法违规行为和检测不合格事项的;
(五)未按规定在检测报告上签字盖章的;
(六)未按照国家有关工程建设强制性标准进行检测的;
(七)档案资料管理混乱,造成检测数据无法追溯的;
(八)转包检测业务的。

第三十条 检测机构伪造检测数据,出具虚假检测报告或者鉴定结论的,县级以上地方人民政府建设主管部门给予警告,并处3万元罚款;给他人造成损失的,依法承担赔偿责任;构成犯罪的,依法追究其刑事责任。

四、《路政管理规定》中相关规定

第四条 交通部根据《公路法》及其他有关法律、行政法规的规定主管全国路政管理工作。

县级以上地方人民政府交通主管部门根据《公路法》及其他有关法律、法规、规章的规定主管本行政区域内路政管理工作。

县级以上地方人民政府交通主管部门设置的公路管理机构根据《公路法》的规定或者根据县级以上地方人民政府交通主管部门的委托负责路政管理的具体工作。

第五条 县级以上地方人民政府交通主管部门或者其设置的公路管理机构的路政管理职责如下:

(一)宣传、贯彻执行公路管理的法律、法规和规章;

(二)保护路产;

(三)实施路政巡查;

(四)管理公路两侧建筑控制区;

(五)维持公路养护作业现场秩序;

(六)参与公路工程交工、竣工验收;

(七)依法查处各种违反路政管理法律、法规、规章的案件;

(八)法律、法规规定的其他职责。

第六条 依照《公路法》的有关规定,受让公路收费权或者由国内外经济组织投资建成的收费公路的路政管理工作,由县级以上地方人民政府交通主管部门或者其设置的公路管理机构的派出机构、人员负责。

第八条 除公路防护、养护外,占用、利用或者挖掘公路、公路用地、公路两侧建筑控制区,以及更新、砍伐公路用地上的树木,应当根据《公路法》和本规定,事先报经交通主管部门或者其设置的公路管理机构批准、同意。

第十八条 除省级人民政府根据《公路法》第八条第二款就国道、省道管理、监督职责作出决定外,路政管理许可的权限如下:

(一)属于国道、省道的,由省级人民政府交通主管部门或者其设置的公路管理机构办理;

(二)属于县道的,由市(设区的市)级人民政府交通主管部门或者其设置的公路管理机构办理;

(三)属于乡道的,由县级人民政府交通主管部门或者其设置的公路管理机构办理。

路政管理许可事项涉及有关部门职责的,应当经交通主管部门或者其设置的公路管理机构批准或者同意后,依照有关法律、法规的规定,办理相关手续。

第十九条 交通主管部门或者其设置的公路管理机构自接到申请书之日起15日内应当作出决定。作出批准或者同意的决定的,应当签发相应的许可证;作出不批准或者不同意的决定的,应当书面告知,并说明理由。

第二十条 路政案件由案件发生地的县级人民政府交通主管部门或者其设置的公路管理机构管辖。

第二十一条 对管辖发生争议的,报请共同的上一级人民政府交通主管部门或者其设置的公路管理机构指定管辖。

下级人民政府交通主管部门或者其设置的公路管理机构对属于其管辖的案件,认为需要由上级人民政府交通主管部门或者其设置的公路管理机构处理的,可以报请上一级人民政府交通主管部门或者其设置的公路管理机构决定。

上一级人民政府交通主管部门或者其设置的公路管理机构认为必要的,可以直接处理属于下级人民政府交通主管部门或者其设置的公路管理机构管辖的案件。

第二十二条 报请上级人民政府交通主管部门或者其设置的公路管理机构处理的案件以及上级人民政府交通主管部门或者其设置的公路管理机构决定直接处理的案件,案件发生地的县级人民政府交通主管部门或者其设置的公路管理机构应当首先制止违法行为,并做好保护现场等工作,上级人民政府交通主管部门或者其设置的公路管理机构应当及时确定管辖权。

第四十五条 交通主管部门、公路管理机构应当依法对有关公路管理的法律、法规、规章执行情况进行监督检查。

第四十六条 交通主管部门、公路管理机构应当加强路政巡查,认真查处各种侵占、损坏路产及其他违反公路管理法律、法规和本规定的行为。

第四十七条 路政管理人员依法在公路、建筑控制区、车辆停放场所、车辆所属单位等进行监督检查时,任何单位和个人不得阻挠。

第四十八条 公路养护人员发现破坏、损坏或者非法占用路产和影响公路安全的行为应当予以制止,并及时向公路管理机构报告,协助路政管理人员实施日常路政管理。

第四十九条 公路经营者、使用者和其他有关单位、个人,应当接受路政管理人员依法实施的监督检查,并为其提供方便。

第五十条 对公路造成较大损害的车辆,必须立即停车,保护现场,并向公路管理机构报告。

第五十一条 交通主管部门、公路管理机构应当对路政管理人员的执法行为加强监督检查,对其违法行为应当及时纠正,依法处理。

第五十二条 公路管理机构应当配备相应的专职路政管理人员,具体负责路政管理工作。

第五十六条 路政管理人员执行公务时,必须按规定统一着装,佩戴标志,持证上岗。

第五十七条 路政管理人员必须爱岗敬业,恪尽职守,熟悉业务,清正廉洁,文明服务、秉公执法。

第五十九条 路政管理人员玩忽职守、徇私舞弊、滥用职权,依法给予行政处分;构成犯罪的,依法追究刑事责任。

第六十一条 用于路政管理的专用车辆,应当按照《公路法》第七十三条和交通部制定的《公路监督检查专用车辆管理办法》的规定,设置统一的标志和示警灯。

五、《公路水路工程安全生产监督管理办法》中相关规定

第五条 交通运输部负责全国公路水路工程安全生产的监督管理工作。

长江航务管理局承担长江干线航道工程安全生产的监督管理工作。

县级以上地方人民政府交通运输主管部门按照规定的职责负责本行政区域内的公路水路工程安全生产监督管理工作。

第十一条 从业单位从事公路水运工程建设活动,应当具备法律、法规、规章和工程建设强制性标准规定的安全生产条件。任何单位和个人不得降低安全生产条件。

第十三条 公路水运工程施工招标文件及施工合同中应当载明项目安全管理目标、安全生产职责、安全生产条件、安全生产信用情况及专职安全生产管理人员配备的标准等要求。

第十五条 从业单位应当依法对从业人员进行安全生产教育和培训。未经安全生产教育和培训合格的从业人员,不得上岗作业。

第十六条 公路水运工程从业人员中的特种作业人员应当按照国家有关规定取得相应

资格,方可上岗作业。

第二十七条 从业单位应当建立健全安全生产责任制,明确各岗位的责任人员、责任范围和考核标准等内容。从业单位应当建立相应的机制,加强对安全生产责任制落实情况的监督考核。

第二十八条 建设单位对公路水运工程安全生产负管理责任。依法开展项目安全生产条件审核,按规定组织风险评估和安全生产检查。根据项目风险评估等级,在工程沿线受影响区域作出相应风险提示。

建设单位不得对勘察、设计、监理、施工、设备租赁、材料供应、试验检测、安全服务等单位提出不符合安全生产法律、法规和工程建设强制性标准规定的要求。不得违反或者擅自简化基本建设程序。不得随意压缩工期。工期确需调整的,应当对影响安全的风险进行论证和评估,经合同双方协商一致,提出相应的施工组织和安全保障措施。

第四十四条 交通运输主管部门应当对公路水运工程安全生产行为和下级交通运输主管部门履行安全生产监督管理职责情况进行监督检查。

交通运输主管部门应当依照安全生产法律、法规、规章及工程建设强制性标准,制定年度监督检查计划,确定检查重点、内容、方式和频次。加强与其他安全生产监管部门的合作,推进联合检查执法。

第四十五条 交通运输主管部门对公路水路工程安全生产行为的监督检查主要包括下列内容:

(一)被检查单位执行法律、法规、规章及工程建设强制性标准情况;

(二)本办法规定的项目安全生产条件落实情况;

(三)施工单位在施工场地布置、现场安全防护、施工工艺操作、施工安全管理活动记录等方面的安全生产标准化建设推进情况。

第五十七条 交通运输主管部门及其工作人员违反本办法规定,有下列情形之一的,对直接负责的主管人员和其他直接责任人员依法给予行政处分;构成犯罪的,依法移送司法部门追究刑事责任:

(一)发现公路水路工程重大事故隐患、生产安全事故不予查处的;

(二)对涉及施工安全的重大检举、投诉不依法及时处理的;

(三)在监督检查过程中索取或者接受他人财物,或者谋取其他利益的。

第四节　其他重要参考文件主要规定

道路设施及安全管理在其他重要参考文件主要涉及《国务院关于加强道路交通安全工作的意见》《国务院办公厅关于加强安全生产监管执法的通知》《最高人民法院关于审理道路交通事故损害赔偿案件适用法律若干问题的解释》《最高人民法院关于审理人身损害赔偿案件适用法律若干问题的解释》《最高人民检察院、公安部〈关于公安机关管辖的刑事案件立案追诉标准的规定(一)〉》等相关规定。

一、《国务院关于加强道路交通安全工作的意见》中相关规定

第十四条 加强道路交通安全设施建设。地方各级人民政府要结合实际科学规划,有

计划、分步骤地逐年增加和改善道路交通安全设施。在保证国省干线公路网等项目建设资金的基础上,加大车辆购置税等资金对公路安保工程的投入力度,进一步加强国省干线公路安全防护设施建设,特别是临水临崖、连续下坡、急弯陡坡等事故易发路段要严格按标准安装隔离栅、防护栏、防撞墙等安全设施,设置标志标线。加强公路与铁路、河道、码头联接交叉路段特别是公铁立交、跨航道桥梁的安全保护。收费公路经营企业要加强公路养护管理,对安全设施缺失、损毁的,要及时予以完善和修复,确保公路及其附属设施始终处于良好的技术状况。要积极推进公路灾害性天气预报和预警系统建设,提高对暴雨、浓雾、团雾、冰雪等恶劣天气的防范应对能力。

第十五条 深入开展隐患排查治理。地方各级人民政府要建立完善道路交通安全隐患排查治理制度,落实治理措施和治理资金,根据隐患严重程度,实施省、市、县三级人民政府挂牌督办整改,对隐患整改不落实的,要追究有关负责人的责任。有关部门要强化交通事故统计分析,排查确定事故多发点段和存在安全隐患路段,全面梳理桥涵隧道、客货运场站等风险点,设立管理台账,明确治理责任单位和时限,强化对整治情况的全过程监督。切实加强公路两侧农作物秸秆禁烧监管,严防焚烧烟雾影响交通安全。

第二十五条 加大事故责任追究力度。研究制定重特大道路交通事故处置规范,完善跨区域责任追究机制,建立健全重大道路交通事故信息公开制度。对发生重大及以上或者6个月内发生两起较大及以上责任事故的道路运输企业,依法责令停业整顿;停业整顿后符合安全生产条件的,准予恢复运营,但客运企业3年内不得新增客运班线,旅游企业3年内不得新增旅游车辆;停业整顿仍不具备安全生产条件的,取消相应许可或吊销其道路运输经营许可证,并责令其办理变更、注销登记直至依法吊销营业执照。对道路交通事故发生负有责任的单位及其负责人,依法依规予以处罚,构成犯罪的,依法追究刑事责任。发生重特大道路交通事故的,要依法依纪追究地方政府及相关部门的责任。

二、《国务院办公厅关于加强安全生产监管执法的通知》中相关规定

(一)建立完善安全监管责任制。

依法加快建立生产经营单位负责、职工参与、政府监管、行业自律和社会监督的安全生产工作机制。全面建立"党政同责、一岗双责、齐抓共管"的安全生产责任体系,落实属地监管责任。负有安全生产监督管理职责的部门要加强对有关行业领域的监督管理,形成综合监管和行业监管合力,提高监管效能,切实做到管行业必须管安全、管业务必须管安全、管生产经营必须管安全。加强安全生产目标责任考核,各级安全生产监督管理部门要定期向同级组织部门报送安全生产情况,将其纳入领导干部政绩业绩考核内容,严格落实安全生产"一票否决"制度。

(二)督促落实企业安全生产主体责任。

督促企业严格履行法定责任和义务,建立健全安全生产管理机构,按规定配齐安全生产管理人员和注册安全工程师,切实做到安全生产责任到位、投入到位、培训到位、基础管理到位和应急救援到位。国有大中型企业和规模以上企业要建立安全生产委员会,主任由董事长或总经理担任,董事长、党委书记、总经理对安全生产工作均负有领导责任,企业领导班子成员和管理人员实行安全生产"一岗双责"。所有企业都要建立生产安全风险警示和预防应

急公告制度,完善风险排查、评估、预警和防控机制,加强风险预控管理,按规定将本单位重大危险源及相关安全措施、应急措施报有关地方人民政府安全生产监督管理部门和有关部门备案。

(三)进一步严格事故调查处理。

各类生产安全事故发生后,各级人民政府必须按照事故等级和管辖权限,依法开展事故调查,并通知同级人民检察院介入调查。完善事故查处挂牌督办制度,按规定由省级、市级和县级人民政府分别负责查处的重大、较大和一般事故,分别由上一级人民政府安全生产委员会负责挂牌督办、审核把关。对性质严重、影响恶劣的重大事故,经国务院批准后,成立国务院事故调查组或由国务院授权有关部门组织事故调查组进行调查。对典型的较大事故,可由国务院安全生产委员会直接督办。建立事故调查处理信息通报和整改措施落实情况评估制度,所有事故都要在规定时限内结案并依法及时向社会全文公布事故调查报告,同时由负责查处事故的地方人民政府在事故结案1年后及时组织开展评估,评估情况报上级人民政府安全生产委员会办公室备案。

三、《最高人民法院关于审理道路交通事故损害赔偿案件适用法律若干问题的解释》中相关规定

第九条 因道路管理维护缺陷导致机动车发生交通事故造成损害,当事人请求道路管理者承担相应赔偿责任的,人民法院应予支持,但道路管理者能够证明已按照法律、法规、规章、国家标准、行业标准或者地方标准尽到安全防护、警示等管理维护义务的除外。

依法不得进入高速公路的车辆、行人,进入高速公路发生交通事故造成自身损害,当事人请求高速公路管理者承担赔偿责任的,适用侵权责任法第七十六条的规定。

第十条 因在道路上堆放、倾倒、遗撒物品等妨碍通行的行为,导致交通事故造成损害,当事人请求行为人承担赔偿责任的,人民法院应予支持。道路管理者不能证明已按照法律、法规、规章、国家标准、行业标准或者地方标准尽到清理、防护、警示等义务的,应当承担相应的赔偿责任。

第十一条 未按照法律、法规、规章或者国家标准、行业标准、地方标准的强制性规定设计、施工,致使道路存在缺陷并造成交通事故,当事人请求建设单位与施工单位承担相应赔偿责任的,人民法院应予支持。

四、《最高人民法院关于审理人身损害赔偿案件适用法律若干问题的解释》中相关规定

第十六条 下列情形,适用民法通则第一百二十六条的规定,由所有人或者管理人承担赔偿责任,但能够证明自己没有过错的除外:

(一)道路、桥梁、隧道等人工建造的构筑物因维护、管理瑕疵致人损害的;

(二)堆放物品滚落、滑落或者堆放物倒塌致人损害的;

(三)树木倾倒、折断或者果实坠落致人损害的。

前款第(一)项情形,因设计、施工缺陷造成损害的,由所有人、管理人与设计、施工者承担连带责任。

五、《最高人民检察院、公安部〈关于公安机关管辖的刑事案件立案追诉标准的规定(一)〉》中相关规定

第八条 [重大责任事故案(刑法第一百三十四条第一款)]在生产、作业中违反有关安全管理的规定,涉嫌下列情形之一的,应予立案追诉:
(一)造成死亡一人以上,或者重伤三人以上;
(二)造成直接经济损失五十万元以上的;
(三)发生矿山生产安全事故,造成直接经济损失一百万元以上的;
(四)其他造成严重后果的情形。

第十条 [重大劳动安全事故案(刑法第一百三十五条)]安全生产设施或者安全生产条件不符合国家规定,涉嫌下列情形之一的,应予立案追诉:
(一)造成死亡一人以上,或者重伤三人以上;
(二)造成直接经济损失五十万元以上的;
(三)发生矿山生产安全事故,造成直接经济损失一百万元以上的;
(四)其他造成严重后果的情形。

第十二条 [危险物品肇事案(刑法第一百三十六条)]违反爆炸性、易燃性、放射性、毒害性、腐蚀性物品的管理规定,在生产、储存、运输、使用中发生重大事故,涉嫌下列情形之一的,应予立案追诉:
(一)造成死亡一人以上,或者重伤三人以上;
(二)造成直接经济损失五十万元以上的;
(三)其他造成严重后果的情形。

第十三条 [工程重大安全事故案(刑法第一百三十七条)]建设单位、设计单位、施工单位、工程监理单位违反国家规定,降低工程质量标准,涉嫌下列情形之一的,应予立案追诉:
(一)造成死亡一人以上,或者重伤三人以上;
(二)造成直接经济损失五十万元以上的;
(三)其他造成严重后果的情形。

第四章 典型案例中道路设施及安全管理问题解析

本章对 2009 年至 2019 年以道路设施及安全管理为事故发生原因的重特大道路交通事故进行分析,筛选出涉及隧道路段、桥梁路段、弯坡组合路段、弯道路段、平直路段、下坡路段等路段的典型案例,重点从典型案例中反映的护栏、标志、标线、路面等道路设施存在的隐患、道路设施安全管理存在的问题、公路相关人员和单位的追责情况进行详细解析,并给出公路运营安全相关建议。

第一节 隧道路段典型案例解析

一、陕西安康京昆高速"8·10"特别重大道路交通事故

1. 事故基本情况

2017 年 8 月 10 日 23 时 30 分,河南省洛阳××运输集团有限公司所属的豫 C×××××号大型普通客车,行驶至陕西省安康市境内京昆高速公路秦岭 1 号隧道南口 K1164+867 处时,正面冲撞隧道洞口端墙,导致车辆前部严重损毁变形、座椅脱落挤压,造成 36 人死亡、13 人受伤的特别重大道路交通事故。事故现场情况如图 4-1 所示。

图 4-1 陕西安康京昆高速"8·10"事故现场情况

2. 事故路段情况

事发路段位于西(西安)汉(汉中)高速公路,属于京(北京)昆(昆明)高速公路在陕西省境内的一段。该路段于 2002 年 9 月开工,2007 年 9 月建成通车。

本次事故现场在京昆高速公路 K1164+867 处,位于秦岭 1、2 号特长隧道之间下行线

(汉中至西安方向)一侧,道路右侧为秦岭服务区,大车限速60km/h,小车限速80km/h。事发地点位于高架桥梁和秦岭1号隧道的相接处,南北走向,道路线形顺直,纵坡2.54%,横坡2%,沥青路面,抗滑性能指数(SRI)89.9,优良率100%。其中,隧道部分净宽为10.5m,隧道入口洞门两侧设置有立面标记;桥梁部分为15.25m等宽设计,两侧采用混凝土护栏,直接连至隧道洞门端墙处,隧道入口右侧检修道内边缘距桥梁护栏内侧5.13m,道路横断面组成为客车道、货车道、从服务区驶入主线的加速车道以及硬路肩四部分,宽度分别为3.75m、3.75m、3.75m、2.85m,加速车道全长198.8m,在隧道入口前11.5m处汇入行车道。从秦岭服务区至隧道入口设置有5个间距为30m的单臂路灯。隧道入口右侧端墙上设置有警告标志,警告标志正下方设置有黄色闪烁警示灯。

经查,事故路段施工图设计时间为2000年12月至2002年10月,事故路段的桥隧衔接方式、道路线形、平纵横指标、交通标志及照明设施设置等均符合当时的相关标准规范要求。事发时,桥梁路面与隧道之间没有设置过渡衔接设施。

事故发生时天气晴,无降水。

3. 事故原因分析

(1)事故直接原因。

事故车辆驾驶人行经事故地点时超速行驶、疲劳驾驶,致使车辆向道路右侧偏离,正面冲撞秦岭1号隧道洞口端墙。具体分析如下:

一是驾驶人疲劳驾驶。经查,自8月9日12时至事故发生时,驾驶人没有落地休息,事发前已在夜间连续驾车达2小时29分。且7月3日至8月9日的38天时间里,驾驶人只休息了一个趟次(2天),其余时间均在执行川A××××号卧铺客车成都往返洛阳的长途班线运输任务,长期跟车出行导致休息不充分。此外,发生碰撞前驾驶人未采取转向、制动等任何安全措施,显示驾驶人处于严重疲劳状态。

二是事故车辆超速行驶。经鉴定,事故发生前车速为80km/h至86km/h,高于事发路段限速(大车为60km/h),超过限定车速33%至43%。

(2)事故间接原因。

一是事故现场路面视认效果不良。经查,事发当晚事发地点所在桥梁右侧的5个单臂路灯均未开启,加速车道与货车道之间分界线局部磨损(约40m),宽度不满足要求(实际宽度为20cm)。在夜间车辆高速运行的情况下,驾驶人对现场路面的视认情况受到一定影响。

> 依据:《道路交通标志和标线 第3部分:道路交通标线》(GB 5768.3—2009)第4.11.2条对应的出入口标线大样图要求,道路出入口标线宽度应为45cm。

二是车辆座椅受冲击脱落。经对同型号车辆座椅强度进行静态加载试验表明,当拉力超过7000N时(等效车速约为50km/h),座椅即会整体脱落。此次事故中大客车冲撞时速超过80km/h,导致车内座椅除最后一排外全部脱落并叠加在一起,乘客基本被挤压在座椅中间。

三是有关企业安全生产主体责任不落实。洛阳××运输集团和四川××公司道路客运源头安全生产管理缺失,没有严格执行顶班车管理、驾驶人休息、车辆动态监控等制度,违法违规问题突出;洛阳××汽车站和成都××客运中心在车辆例检、报班发车、出站检查等环节把关不严,导致事故车辆违规发车运营。陕西××集团未认真组织开展事发路段的道路养护和安全隐患排查整治工作。

四是地方交通运输、公安交管等部门安全监管不到位。洛阳市、成都市交通运输部门未严格加强道路客运企业及客运站的安全监督检查,对相关企业存在的安全隐患问题督促整改不力;洛阳市公安交管部门对运输企业动态监控系统记录的交通违法信息未及时全面查处;事故车辆沿途相关交通运输部门对站外上客等违法行为查处不力,公安交管部门对超速违法行为查处不力;陕西省公路部门对事发路段安全隐患排查整改不到位的问题审核把关不严。

五是洛阳市人民政府落实道路运输安全领导责任不到位,没有有效督促指导洛阳市交通运输部门依法履行道路运输安全监管职责。

4. 道路设施及安全管理的问题

(1)秦岭管理所未按照要求开展日常巡查工作,在没有经过专项论证的情况下,凭经验长期关闭事发路段引道照明灯。

> 依据:《公路隧道养护技术规范》(JTG H12—2015)表 5.5.1 照明设施经常检修、定期检修主要项目及其检修频率,针对洞外路灯灯体有两项检查项:一是有无损坏,亮度目测是否正常;二是防护等级检查,经常检修的频次为 1 次/1~3 月。

(2)陕西高速××公司对秦岭管理所未开启事发路段引道照明灯的问题失察;在 2014 年西汉高速公路养护中修工程施工图设计审查中,未发现事发路段加速车道与货车道分界线宽度不符合标准要求的问题;在高危路段治理中未全面排查整治京昆高速陕西安康境内 1153km 至 1172km 路段安全隐患,未按照标准在隧道入口与桥梁连接部位增设防护导流设施。

> 依据:《公路交通安全设施设计规范》(JTG D81—2006)第 4.4.4 条规定:"护栏在设置的起讫点、交通分流处三角地带、中央分隔带开口以及隧道入、出口处等位置,应进行便于失控车辆安全导向的端头处理。不同型式的路基护栏之间或路基护栏与桥梁护栏之间应进行过渡处理。"

(3)陕西××集团未认真贯彻落实有关规定,未严格执行技术标准,对 2014 年西汉高速公路养护中修工程施工图设计审查中,事发路段加速车道与货车道分界线宽度不符合标准的问题失察。对陕西高速××公司在高危路段治理中,未全面排查整治道路安全隐患的问题失察。

> 依据:《国务院关于加强道路交通安全工作的意见》(国发〔2012〕30号)第十四条中规定,加强道路交通安全设施建设。在保证国省干线公路网等项目建设资金的基础上,加大车辆购置税等资金对公路安保工程的投入力度,进一步加强国省干线公路安全防护设施建设,特别是临水临崖、连续下坡、急弯陡坡等事故易发路段要严格按标准安装隔离栅、防护栏、防撞墙等安全设施,设置标志标线。第十五条中规定,深入开展隐患排查治理。有关部门要强化交通事故统计分析,排查确定事故多发点段和存在安全隐患路段,全面梳理桥涵隧道、客货运场站等风险点,设立管理台账,明确治理责任单位和时限,强化对整治情况的全过程监督。

(4)西安××研究院在2014年西汉高速公路养护中修工程施工图设计时,未按标准设计事发路段加速车道与货车道分界线宽度,没有对事发路段加速车道与货车道分界线宽度是否符合标准开展符合性核查。

(5)陕西省公路局未认真贯彻落实有关规定,对陕西高速集团在高危路段治理中,未全面排查整改京昆高速陕西安康境内1153km至1172km路段安全隐患的问题审核把关不严。

> 依据:《国务院关于加强道路交通安全工作的意见》(国发〔2012〕30号)第十五条中规定,深入开展隐患排查治理。有关部门要强化交通事故统计分析,排查确定事故多发点段和存在安全隐患路段,全面梳理桥涵隧道、客货运场站等风险点,设立管理台账,明确治理责任单位和时限,强化对整治情况的全过程监督。

5. 公路相关人员和单位追责情况

(1)移交司法机关。

陕西高速××公司路政大队秦岭路政中队中队长,陕西高速西汉公司秦岭管理所所长,陕西高速西汉公司副经理,3人因涉嫌玩忽职守罪被检察机关立案侦查。

> 依据:《刑法》第三百九十七条【滥用职权罪;玩忽职守罪】国家机关工作人员滥用职权或者玩忽职守,致使公共财产、国家和人民利益遭受重大损失的,处三年以下有期徒刑或者拘役;情节特别严重的,处三年以上七年以下有期徒刑。本法另有规定的,依照规定。国家机关工作人员徇私舞弊,犯前款罪的,处五年以下有期徒刑或者拘役;情节特别严重的,处五年以上十年以下有期徒刑。本法另有规定的,依照规定。

(2)党政纪处分。

原陕西××集团党委副书记、副董事长、总经理。未严格执行有关法律法规及政策规定,对陕西××集团养护部、陕西高速××公司未全面排查京昆高速陕西安康境内1153km至1172km安全隐患的问题失察。给予行政记过处分。

原陕西××集团公司党委委员、总工程师、副总经理,未严格执行有关法律法规及政策规定,对分管的养护管理部、陕西高速西汉公司在京昆高速陕西安康境内1153km至1172km路段高危路段整治中,未全面排查整治安全隐患的问题失察。给予行政记过处分。

陕西××集团养护管理部部长,未严格执行有关法律法规及政策规定,对2014年度西汉高速公路养护中修施工图设计中,事发路段加速车道与货车道分界线宽度不符合标准的问题失察;未发现陕西高速西汉公司在京昆高速陕西安康境内1153km至1172km高危路段整治中,未全面排查整治安全隐患的问题。给予党内严重警告、行政降级处分。

原陕西高速××公司党委副书记、经理,负责陕西高速西汉公司运营管理全面工作。未严格执行有关法律法规及政策规定,对秦岭管理所未开启事发路段引道照明灯的问题,陕西高速西汉公司工程养护科在京昆高速陕西安康境内1153km至1172km高危路段治理中未全面排查整治安全隐患的问题监督指导不力。给予撤销党内职务、行政撤职处分。

原陕西省公路局党委委员、副局长(分管养护处),未严格执行有关法律法规及政策规定,未有效督促养护处严格审核西汉高速事故多发路段治理工程设计施工图,对陕西高速集团在京昆高速陕西安康境内1153km至1172km高危路段治理中,未全面排查整治安全隐患的问题失察。给予记过处分。

原陕西省公路局养护处处长,未严格执行有关法律法规和政策规定,未认真履行对西汉高速事故多发路段治理工程施工设计的审查职责,对陕西高速集团在京昆高速陕西安康境内1153km至1172km高危路段治理中,未全面排查整治安全隐患的问题失察。给予记过处分。

> 依据:《中国共产党纪律处分条例》第三十八条第一款 违纪行为有关责任人员的区分:(一)直接责任者,是指在其职责范围内,不履行或者不正确履行自己的职责,对造成的损失或者后果起决定性作用的党员或者党员领导干部。(二)主要领导责任者,是指在其职责范围内,对直接主管的工作不履行或者不正确履行职责,对造成的损失或者后果负直接领导责任的党员领导干部。(三)重要领导责任者,是指在其职责范围内,对应管的工作或者参与决定的工作不履行或者不正确履行职责,对造成的损失或者后果负次要领导责任的党员领导干部。
>
> 《行政机关公务员处分条例》第二十条 有下列行为之一的,给予记过、记大过处分;情节较重的,给予降级或者撤职处分;情节严重的,给予开除处分:(一)不依法履行职责,致使可以避免的爆炸、火灾、传染病传播流行、严重环境污染、严重人员伤亡等重大事故或者群体性事件发生的。
>
> 《事业单位工作人员处分暂行规定》第十七条 有下列行为之一的,给予警告或者记过处分;情节严重的,给予降低岗位等级或者撤职处分;情节严重的,给予开除处分:(二)破坏正常工作秩序,给国家或者公共利益造成损失的;(三)违章指挥、违规操作,致使人民生命财产遭受损失的。

6. 公路运营安全相关建议

在公路运营安全方面,本案主要反映出高速公路运营企业未按照要求开展日常巡查工作,未保证照明等道路设施处于正常的使用状态,对高速公路养护中修工程施工图设计审查不到位,未全面排查整治高危路段的安全隐患,未按照标准在隧道入口与桥梁连接部位增设防护导流设施等方面的问题;也反映出设计单位未按照标准设计事发路段加速车道与货车道分界线宽度的问题;还反映出公路管理部门未认真贯彻落实有关规定,对高速公路运营企业隐患排查治理不全面监管不到位的问题。

通过此案例的警示,建议公路运营企业、公路管理部门等相关单位应重点做好以下四个方面的工作:

(1)公路运营企业应保证隧道照明、通风、消防及标志标线等设施处于良好的技术状态,并严格按照法律法规的相关规定,进行照明、消防等设施的正常使用和维护。

(2)公路管理部门和公路运营企业应依据标准规范深入开展公路隧道、长大下坡、急弯陡坡、连续采用设计极限值组合等重点路段的安全隐患排查工作,对发现的安全隐患要积极采取措施及时进行整改。

(3)在公路建设过程中,应严格落实交通安全设施与道路建设主体工程同时设计、同时施工、同时投入使用的"三同时"制度,进一步健全公路建设运营全过程的安全评价和风险评估制度。

(4)公路管理部门应会同公安交管部门定期组织开展道路安全综合分析,系统全面地梳理道路存在的安全风险点及其危害程度,对于交通事故量较小但存在较大潜在安全风险的道路点段,也要纳入整治计划进行有步骤地改造,提高公路安全隐患排查治理工作的科学性和前瞻性。

二、山西晋城晋济高速公路"3·1"特别重大道路交通事故

1. 事故基本情况

2014年3月1日14时45分许,晋城市×××物流有限公司所属的晋E×××××/晋E××××挂号铰接列车,行驶至山西省晋城市泽州县的晋济高速公路山西晋城段岩后隧道右洞入口以北约100m处时,看到右侧车道上有运煤车辆排队缓慢通行,但左侧车道内至隧道口前没有车辆,遂从右侧车道变更至左侧车道。驶入岩后隧道后,突然发现前方五六米处停有豫H××××/豫H×××挂号铰接列车。驾驶人虽采取紧急制动措施,但仍与前车追尾。碰撞致使后车前部与前车尾部铰合在一起,造成前车尾部的防撞设施及卸料管断裂、甲醇泄漏起火燃烧,隧道内滞留的另外两辆危险货物运输车和31辆煤炭运输车被引燃引爆,造成40人死亡、12人受伤和42辆车烧毁的特别重大道路交通事故。事故现场情况如图4-2所示。

图4-2 山西晋城晋济高速公路"3·1"事故现场情况

2. 事故路段情况

事故发生在晋济高速公路(国家高速公路网二连浩特至广州主干线山西晋城段)山西晋城至河南济源方向的岩后隧道内K9+605.305处。该隧道为左右分离式,事发隧道(右洞)长786.875m,隧道进口段(K9+574.125~K10+265.319)位于直线上,出口段(K10+265.319~K10+361)位于半径为835m的平曲线上,隧道纵坡为2.2%。隧道建筑限界为净宽9.75m,限高5m,隧道内轮廓采用半径为5.29m的单心圆曲墙式断面。隧道围岩属二、三、四类,采用复合式衬砌,路面铺装为4cm加6cm改性沥青混凝土。

隧道内设有人行横洞一处(右线里程桩号为K10+000.000),与隧道左洞相通,长35m,宽2.4m,用于维修、养护和消防救援;人行横洞两端设计可开启的钢质卷闸门,隧道正常运营时关闭。岩后隧道左右洞均采用自然通风;隧道内每50m设置一组消防箱,内置4具手提

式灭火器。

距岩后隧道右洞出口3849m、距天井关隧道右洞出口1411m处设有泽州收费站和晋济高速公路煤焦管理站。泽州收费站是晋济高速公路的省际收费站，2008年12月投入使用，出晋方向设有9个收费车道，其中，煤焦车辆专用收费通道5个，其他车道4个(含ETC车道1个)，在煤焦车辆专用收费通道与其他收费车道之间设置了隔离设施，煤焦管理站和泽州收费站同时建成投入使用。煤焦管理站在泽州收费站煤焦车辆专用收费通道前设立指挥岗，用于查验和指挥煤焦车辆进入煤焦车辆专用收费通道，在煤焦车辆专用收费通道后设有磅房操作岗、验票岗。

3. 事故原因分析

(1) 事故直接原因。

晋E××××/晋E×××挂号铰接列车在隧道内追尾豫H××××/豫H×××挂号铰接列车，造成前车甲醇泄漏，后车发生电气短路，引燃周围可燃物，进而引燃泄漏的甲醇。

两车追尾的原因：晋E××××/晋E×××挂号铰接列车在进入隧道后，驾驶人未及时发现停在前方的豫H××××/豫H×××挂号铰接列车，距前车仅五六米时才采取制动措施；晋E××××号牵引车准牵引总质量(37.6t)，小于晋E×××挂号罐式半挂车的整备质量与运输甲醇质量之和(38.34t)，存在超载行为，影响制动。经认定，在晋E××××/晋E×××挂号铰接列车追尾碰撞豫H××××/豫H×××挂号铰接列车的交通事故中，晋E××××/晋E×××挂号铰接列车驾驶人负全部责任。

车辆起火燃烧的原因：追尾造成豫H×××挂号半挂车的罐体下方主卸料管与罐体焊缝处撕裂，该罐体未按标准规定安装紧急切断阀，造成甲醇泄漏；晋E××××号牵引车发动机舱内高压油泵向后位移，起动机正极多股铜芯线绝缘层破损，导线与输油泵输油管管头空心螺栓发生电气短路，引燃该导线绝缘层及周围可燃物，进而引燃泄漏的甲醇。

(2) 事故间接原因。

一是山西省晋城市×××物流有限公司安全生产主体责任不落实。

二是河南省焦作市×××汽车运输有限责任公司危险货物运输安全生产的主体责任落实不到位。

三是晋济高速公路煤焦管理站违规设置指挥岗加重了车辆拥堵。

四是湖北××车辆制造有限公司、河北××专用汽车有限公司生产销售不合格产品。

五是山西省晋城市、泽州县政府及其交通运输管理部门对危险货物道路运输安全监管不力。

六是河南省焦作市交通运输管理部门和孟州市政府及其交通运输管理部门对危险货物道路运输安全监管不到位。

七是山西省高速公路管理部门对高速公路管理和拥堵信息处置不到位。

八是山西省公安高速交警部门履行道路交通安全监管责任不到位。

九是山西省××压力容器监督检验研究院、河南省××罐车检测服务有限公司违规出具检验报告。

4. 道路设施及安全管理的问题

(1) 晋城××公路有限责任公司作为晋济高速公路的运营管理单位,对晋济高速公路煤焦管理站在泽州收费站前方违规设立指挥岗的请求采取默许态度,未予制止。

(2) 晋城××公路有限责任公司应急预案的针对性和可操作性不强,启动标准不明确,培训和演练不到位。

(3) 晋城××公路有限责任公司信息监控中心发现道路拥堵后,未按应急响应要求及时通知高速交警、煤焦管理站,也未对拥堵情况进行跟踪和处理。

(4) 晋城××公路有限责任公司泽州收费站未主动向煤焦管理站提出疏导措施建议。

(5) 山西省高速公路管理局作为山西省高速公路的行业监管部门和晋城××公路有限责任公司的上级主管部门,履行高速公路安全运营监管职责不到位,对晋城高速公路有限责任公司交通安全运营工作指导督促不力。

(6) 山西省高速公路管理局应急预案的针对性和可操作性不强。

(7) 山西省高速公路管理局所属信息监控中心在接到拥堵信息后未按规定及时报告领导并做好记录,也未做进一步跟踪处理,安全管理制度不规范、落实不到位。

5. 公路相关人员和单位追责情况

(1) 移交司法机关。

晋城××公路有限责任公司副总经理,山西省××公路管理局晋城路政大队大队长,山西省晋城××公路信息监控中心值班班长,3人因涉嫌玩忽职守罪被检察机关立案侦查。

> 依据:《刑法》第三百九十七条【滥用职权罪;玩忽职守罪】国家机关工作人员滥用职权或者玩忽职守,致使公共财产、国家和人民利益遭受重大损失的,处三年以下有期徒刑或者拘役;情节特别严重的,处三年以上七年以下有期徒刑。本法另有规定的,依照规定。国家机关工作人员徇私舞弊,犯前款罪的,处五年以下有期徒刑或者拘役;情节特别严重的,处五年以上十年以下有期徒刑。本法另有规定的,依照规定。

(2) 党政纪处分。

山西省高速公路管理局党委副书记、局长,对高速公路运营单位安全运营工作督促指导不到位,对高速公路应急预案的制定与实施指导不力,对信息监控中心管理制度不规范、执行落实不到位的问题失察,对该起事故造成重大人员伤亡负有重要领导责任。给予记过处分。

山西省高速公路管理局党委副书记、副局长(分管信息监控中心,分管应急管理工作),对高速公路应急预案的制定与实施指导不力,应急预案针对性不强、可操作性差;对信息监控中心指导不到位,对管理制度不规范、执行落实不到位的问题失察,对该起事故造成重大人员伤亡负有重要领导责任。给予记大过处分。

晋城高速公路有限责任公司党委委员、总经理,对晋城高速公路有限责任公司安全运营督促指导不到位,对该公司应急预案的制定与实施指导不到位,对信息监控中心工作不规范、制度执行落实不到位的问题和对泽州收费站煤焦车辆拥堵疏导措施不得力的问题失察,对煤管站在收费站广场违规设立指挥岗的问题未及时纠正,对该起事故造成重大人员伤亡负有重要领导责任。给予记大过处分。

晋城××公路有限责任公司党委书记、副总经理,未认真贯彻落实"党政同责、一岗双责",对晋城高速公路有限责任公司安全运营督促指导不力,对公司应急预案的制定与实施指导不到位,对该起事故造成重大人员伤亡负有重要领导责任。给予党内警告处分。

晋城××公路有限责任公司党委副书记(分管应急管理工作),对晋城××公路有限责任公司应急管理工作督促指导不到位,应急预案针对性不强、启动标准不明确,应急培训、演练工作与实际结合不紧密,内容不够具体、可操作性不强,对该起事故造成重大人员伤亡负有重要领导责任。给予党内严重警告处分。

晋城××公路有限责任公司信息监控中心主任,工作失职,对信息监控中心工作人员管理和培训不到位,对应急预案执行不力,信息监控中心值班人员发现道路拥堵情况后未及时报告、未通知交警和煤管站等部门,未对拥堵情况进行跟踪和处理,对该起事故造成重大人员伤亡负有主要领导责任。给予党内严重警告、撤职处分。

晋城××公路有限责任公司泽州收费站站长兼晋济高速超限检测点主任,工作失职,对泽州收费站管理不力,对收费站未采取有效措施及时疏导煤焦车辆拥堵的问题失察,对该起事故造成重大人员伤亡负有主要领导责任。给予党内严重警告、撤职处分。

晋城××公路有限责任公司收费管理科副科长、收费站副站长,作为泽州收费站事故当日值班领导,工作失职,在收费站煤焦车辆出现的拥堵问题后,未采取有力措施加大收费放行力度,也未主动与高速交警、煤焦管理站沟通协调,解决车辆拥堵措施不得力,对该起事故造成重大人员伤亡负有主要领导责任。给予党内严重警告、撤职处分。

6. 公路运营安全相关建议

在公路运营安全方面,本案主要反映出高速公路运营企业应急预案针对性不强、启动标准不明确,应急培训、演练工作与实际结合不紧密,内容不够具体、可操作性不强,信息监控中心工作不规范、制度执行落实不到位,收费站未采取有效措施及时疏导车辆拥堵,与高速交警、煤焦管理站缺少沟通协调,高速公路隧道消防设施、照明设施不足等方面的问题。还反映出公路管理部门履行高速公路安全运营监管职责不到位,对高速公路运营企业交通安全运营工作指导督促不力等方面的问题。

通过此案例的警示,建议公路运营企业、公路管理部门等相关单位应重点做好以下五个方面的工作:

(1)要全面排查、评估公路隧道沿线各类检查站、收费站、煤管站等选址对隧道内车辆快速通行的影响,对易造成隧道交通拥堵、导致事故发生的,要立即停用或取消。

(2)要针对危险货物运输事故尤其是隧道事故特点,依托相关企业和单位,建立专兼职应急救援队伍,配备专门装备和物资,加强技战术训练,定期进行应急演练。

(3)高速公路运营企业应进一步加强对信息监控中心的管理,建立和完善道路拥堵及时报告、与交警部门的联动、对拥堵情况进行跟踪和处理等方面的制度。

(4)高速公路运营企业要完善隧道硬件设施,增设和完善灯光照明、防撞护栏、紧急避险车道和限速、禁止超车交通警示标识和逃生指示标识等隧道安全基础设施,严控车辆进入隧道时的速度。

(5)要根据隧道实际情况加装监控视频、声光报警、应急广播、应急按钮等装置,确保紧急状态下隧道内人员能够第一时间获知危险信息,及时避险逃生。

第二节 桥梁路段典型案例解析

一、河南新乡京港澳高速"9·26"重大道路交通事故

1. 事故基本情况

2017年9月26日8时33分许,北京××物流有限责任公司所属的京A×××××/黑B×××挂号重型半挂车,行驶至京港澳高速公路K581+100处(桥梁路段)时,车辆偏离车道碰撞中央隔离护栏,冲破中央隔离带后驶入对向车道,与对向车道由北向南行驶的冀D×××××、豫J×××××、豫F×××××小型普通客车发生碰撞,造成12人死亡、11人受伤的重大道路交通事故。事故现场情况如图4-3所示。

图4-3 河南新乡京港澳高速"9·26"事故现场情况

2. 事故路段情况

事故现场位于京港澳高速公路K581+100处,该路段属于国道高速公路(G4),于1997年11月28日建成通车,原设计标准为双向四车道,2008年4月28日实施改建,2010年11月1日完成改建。改建后双向八车道,路基宽42m,路面宽37.5m,硬路肩3m,设计速度120km/h。事故发生路段为桥梁路面,设计桥长53.04m,硬路肩宽3m、行车道宽分别3.75m、3.75m、3.75m、3.75m,左侧路缘带宽0.75m,中央分隔带宽3m。事故发生路段道路线形顺直,路面平整,无坡道、弯道,视线良好;路面完好且无障碍物,护栏板、标志标线等沿线设施无缺损;该路段大货车限速90km/h。事故发生前,养护单位未对发生事故路段的路面、桥梁伸缩缝、沿线设施等进行更换维修。

3. 事故原因分析

(1)事故直接原因。

经调查认定,事故直接原因是:事故车辆驾驶人驾驶不符合技术条件的牵引车和长、宽、高均超过规定限值的挂车雨天超速行驶,致使车辆偏离车道碰撞中央隔离护栏,冲破中央隔离带后驶入对向车道,与对向车道由北向南行驶的车辆发生碰撞。具体分析如下:

一是驾驶不符合技术条件的牵引车和长、宽、高均超过规定限值的挂车上路行驶。牵引车第一轴制动气管未连接,挂车第三轴右侧制动摩擦片存在裂纹,不符合《机动车运行安全技术条件》(GB 7258—2012)要求;挂车长度、宽度、高度实际尺寸分别为30.550m、2.525m、4.100m,不符合《道路车辆外廓尺寸、轴荷及质量限值》(GB 1589—2016)要求。

二是驾驶机动车雨天超速行驶。事故发生时,事发路段有小雨,路面潮湿,应当降低行驶速度。经鉴定,事故发生前车速为91.1km/h~94.4km/h,不仅未降低行驶速度,且已超过事发路段限速(货车限速90km/h)。

(2)事故间接原因。

一是运输企业未按规定落实安全管理主体责任。北京××物流有限责任公司未认真履

行企业安全生产主体责任,违法购买不符合国家标准的非法改装半挂车和其他车辆号牌、行驶证、道路运输证用于生产经营活动;车辆安全检查中未能及时发现京A×××××/黑B×××挂号重型半挂车存在的安全隐患;对驾驶人管理不到位,对驾驶人人为解除汽车制动行为未能及时纠正,导致行驶过程中存在安全隐患,驾驶人安全意识淡薄。齐齐哈尔农垦××车队以欺骗手段在道路运输管理部门办理车辆审验业务,违法将黑B×××挂号车的号牌及营运手续转卖他人。

二是车辆生产企业违法承揽、生产销售不符合国家标准的车辆,法定代表人违法倒卖车辆手续。山东省德州××专用车有限公司违法违规承揽生产、销售不符合国家标准的改装半挂车。山东威海××专用车制造有限公司违法违规承揽生产、销售不符合国家标准的改装半挂车,法定代表人违法买卖机动车号牌、行驶证和道路运输证等运营手续等。

三是地方交通运输部门安全监管不到位。北京市相关监管部门对北京××物流有限责任公司违法违规问题、未按规定落实安全管理主体责任问题监管不力。黑龙江省齐齐哈尔市富裕县道路运输管理站审验把关不严,致使已经3年没有进行安全检验且已实际灭失的挂车,在不符合条件的情况下通过道路运输证审验;齐齐哈尔市公安交警支队车辆管理所未认真履行车辆安全技术检测,检测工作不实不细。

四是事故路段道路技术状况不符合要求。经交通运输部公路科学研究所司法鉴定中心鉴定,事故发生路段道路中央分隔带护栏波形梁钢护栏横梁中心高度、护栏板基底金属厚度、拼接螺栓连接副整体抗拉荷载平均值、第四车道部分点段的横向力系数均不符合国家标准规范要求。

> 依据:《公路交通安全设施设计细则》(JTG/T D81—2006)第4.5.5条规定,"(1)二波波形梁护栏的横梁中心高度,从路面算起至连接螺栓孔中心的距离为600mm。……(3)护栏面与路缘石左侧立面不重合时,上述高度还应增加路缘石的高度。"《公路工程质量检验评定标准》(JTG F80/1—2004)第4.2.1条规定,横梁中心高度允许偏差为±20mm。
>
> 交通行业标准《公路波形梁钢护栏》(JT/T 281—2007)第4.1条规定,护栏板基底金属厚度及允许偏差为4.0(-0,+0.22)mm,立柱基底金属厚度及允许偏差为4.5(-0.25,+0.50)mm。
>
> 交通行业标准《公路波形梁钢护栏》(JT/T 281—2007)第5.1条规定,波形梁板、立柱等所用基底金属材质为碳素结构钢,其力学性能及化学成分指标应不低于国家标准《碳素结构钢》(GB700)规定的Q235牌号钢的要求。高强度拼接螺栓连接副应选用优质碳素结构钢或合金结构钢制造,公称直径16mm,8.8S级抗拉荷载不小于133kN。
>
> 《公路沥青路面养护技术规范》(JTJ 073.2—2001)第3.2.1条规定,高速公路、一级公路的沥青路面横向力系数SFC应不小于40。第4.5.5条规定,路面抗滑性能采用抗滑系数作为评价指标,抗滑系数以横向力系数(SFC)或摆式仪的摆值(BPN)表示。

4.道路设施及安全管理的问题

(1)山东××交通设施有限公司,在事故路段护栏施工中,违反有关工程建设管理规定,未按照工程设计图纸和技术标准进行施工。

> 依据：《建设工程质量管理条例》第二十八条 施工单位必须按照工程设计图纸和施工技术标准施工，不得擅自修改工程设计，不得偷工减料。

(2)北京××公路桥梁监理咨询公司，在事故路段施工监理中，违反有关施工监理规定，错误地执行监理标准，未及时发现并纠正施工单位违规施工问题。

> 依据：《建设工程质量管理条例》第三十六条 工程监理单位应当依照法律、法规以及有关技术标准、设计文件和建设工程承包合同，代表建设单位对施工质量实施监理。

(3)河南省××工程试验检测中心有限公司，在京港澳高速公路改建项目验收检测中依据标准不准确，未按要求制定与上级要求相适应的检测方案，导致检测覆盖不全面。

> 依据：《公路工程质量检验评定标准》(JTG F80/1—2004)第1.0.3条 除应符合本标准外，尚应符合现行国家、交通部颁布的相关规范的规定。
> 河南省交通运输厅《关于我省高速公路桥梁墙式护栏型式的通知》(豫交计〔2009〕124号)文件要求小于100m的桥梁中央隔离带改为波形梁钢护栏。

(4)河南××公路发展有限责任公司及安新改建工程项目部，未认真履行工程、技术、施工管理职责，未按规定对施工单位、监理单位实施监督，在交工验收检查审查中未能发现事故路段波形梁钢护栏横梁中心高度、护栏板基底金属厚度不符合规范和设计要求问题。

> 依据：《建设工程质量管理条例》第三条 建设单位、勘察单位、设计单位、施工单位、工程监理单位依法对建设工程质量负责。

(5)河南省×××建设质量检测监督站，未认真履行公路工程建设质量监督检查职责，未按照《公路工程质量监督通知书》监督内容和监督方法实施监督，未发现事故路段存在的波形梁钢护栏横梁中心高度、护栏板基底金属厚度不符合规范和设计要求等建设工程质量问题，对交工验收时河南省公路工程试验检测中心有限公司出具的检测报告审查不严。

> 依据：《公路工程质量监督通知书》明确对建设单位、设计单位、施工单位、监理单位和检测机构共27项监督内容。监督方法为全面质量检查、专项质量检查和质量巡视检查3种。

5.公路相关人员和单位追责情况

(1)党政纪处分。

原河南××公路发展有限责任公司安新改建工程项目部工程处副处长、处长，未认真履行工程、技术、施工管理职责和设计变更审批职责，以工程技术处文件方式下发不符合设计要求的设计变动图纸，对事故路段波形梁钢护栏横梁中心高度、护栏板基底金属厚度不符合规范和设计要求问题负有责任，对事故发生负有主要领导责任。给予行政记过处分。

原河南××公路发展有限责任公司安新改建工程项目部工程处副处长、处长,质检处处长,未认真履行工程质量、工程材料监督检查职责,未按规定对施工、监理单位履行职责情况实施监督,对事故路段波形梁钢护栏横梁中心高度、护栏板基底金属厚度不符合规范和设计要求问题负有责任,对事故发生负有主要领导责任。给予行政记过处分。

原河南××公路发展有限责任公司安新改建工程项目部总经理,未认真履行工程、技术、施工管理职责,在交工验收检查审查中未发现事故路段波形梁钢护栏横梁中心高度、护栏板基底金属厚度不符合规范和设计要求问题,对事故发生负有重要领导责任。给予行政警告处分。

原河南省××××建设质量检测监督站书记(分管检测处),对检测单位出具的检测报告把关不严,对事故发生负有重要领导责任。鉴于因其他违法违纪问题已被开除党籍、取消退休待遇,不再追究其责任。

原河南省××××建设质量检测监督站站长,未按规定督促项目监督负责人认真履行职责,未按单位职责合理安排人员对安新改扩建项目实施有效监督检查,对检测单位出具的检测报告把关不严,对事故发生负有重要领导责任。给予行政警告处分。

> 依据:《安全生产领域违法违纪行为政纪处分暂行规定》第二条 国家行政机关及其公务员,企业、事业单位中由国家行政机关任命的人员有安全生产领域违法违纪行为,应当给予处分的,适用本规定。第十二条 国有企业及其工作人员有下列行为之一,导致生产安全事故发生的,对有关责任人员,给予警告、记过或者记大过处分;情节较重的,给予降级、撤职或者留用察看处分;情节严重的,给予开除处分:(七)有其他不履行或者不正确履行安全生产管理职责的。

(2)行政处罚。

山东××交通设施有限公司未按工程设计图纸和技术标准进行施工,对事故发生路段护栏不符合国家规范及设计要求负有责任,对事故负有责任。鉴于其《建筑企业资质证书》为建设部颁发,住建部依据《建设工程质量管理条例》对山东××交通设施有限公司作出处罚。

北京××公路桥梁监理咨询公司在对安新高速公路改扩建项目实施监理中错误地执行监理标准,对事故发生路段护栏不符合国家规范及设计要求负有责任,对事故负有责任。鉴于其《监理资质等级证书》为交通部颁发,交通运输部依据《建设工程质量管理条例》对北京××公路桥梁监理咨询公司作出处罚。

河南省××工程试验检测中心有限公司在对安新高速公路改扩建项目实施检测时依据标准不准确,对事故发生路段护栏不符合国家规范及设计要求负有责任,对事故负有责任。河南省交通运输厅依据《安全生产法》《建设工程质量检测管理办法》对河南省××工程试验检测中心有限公司及其直接责任人员作出处罚。

6.公路运营安全相关建议

在公路运营安全方面,本案主要反映出施工公司未按照工程设计图纸和技术标准施工,监理公司因错误执行监理标准导致未及时发现违规施工,检测公司因检测中依据标准不准确导致检测覆盖不全面,高速公路项目部在交工验收检查审查中未能发现事故路段波形梁钢护栏不符合规范和设计要求等方面的问题。还反映出公路管理部门因未认真履行公路工程建设质量监督检查职责,导致未能及时发现工程施工、检测和验收方面的问题。

通过此案例的警示,建议公路运营企业、公路管理部门等相关单位应重点做好以下三个方面的工作:

(1)加强对高速公路管理养护和安全隐患排查治理。加大道路交通安全隐患整治,对已有公路经排查未达到国家标准的,按国家标准进行整治。

(2)对新修公路严格按国家标准建设,重视护栏、标志、标线等交通安全设施的设计、施工、监理、检测和验收各环节的管理工作,防止因道路设施尤其是交通安全设施不达标发生事故。

(3)公路路政和养护部门积极与公安交通管理部门配合,加强路面管控,实行公安、交通联合执法,严把高速公路入口关,按规定进行路面巡查。

二、湖北荆州二广高速"3·12"重大道路交通事故

1. 事故基本情况

2013年3月12日19时04分,恩施州鹤峰县××汽运有限公司所属的鄂Q×××××号大型卧铺客车,行驶至二广高速公路K1765+200处荆州长江公路大桥路段时,在桥面快速车道以约81.6km/h速度超越荆州市公共交通运输总××公司一辆鄂D×××××号公交车后,遇鄂E×××××号普通两轮摩托车在快速车道内逆向行驶,大型卧铺客车驾驶人向右猛转转向盘避让,因操作不当,客车右向斜穿大桥并撞毁桥梁防护栏,坠入高度为15.45m的桥下长江大堤护坡上,造成14人死亡,9人受伤的重大道路交通事故。事故现场情况如图4-4所示。

图4-4 湖北荆州二广高速"3·12"事故现场情况

2. 事故路段情况

大桥全长4397.5m,桥面宽24.5m,双向四车道。大桥南至湖北省公安县埠河镇,北至荆州市城区,属荆州城区与城郊农村的混合交通路段,系公安县埠河镇居民过往长江的日常主要通道。大桥设计标准:公路等级平丘一级,设计速度100km/h,荷载标准汽车—超20级、挂车—120,设计纵坡小于3%,通航标准一级二类通航河道。

事故地点位于大桥桥南(二广向K1765+200)处,此路段为下坡路段,坡长788m,纵坡

度比2.37%,沥青路面,路面完好,为双向四车道。大桥人行道路面高出桥面0.24m。人行道外侧为高度0.82m的钢制桥梁护栏,内侧为高度1.15m的不锈钢人行分隔护栏。事故发生时,天气晴,桥面路灯开启,路面干燥。

3. 事故原因分析

（1）直接原因。

鄂E×××××号普通两轮摩托车在快速车道内逆向行驶。鄂Q×××××号大型卧铺客车驾驶人在避让摩托车过程中向右猛转转向盘,因操作不当,与摩托车发生轻微刮碰后,撞毁大桥路侧双层隔离护栏,坠入高度为15.45m的桥下大堤护坡上。

（2）间接原因。

①益通公司安全生产主体责任落实不到位。

②鹤峰县交通运输管理部门组织开展客运市场管理和监督检查工作不到位。

③荆州长江公路大桥大桥局(以下简称大桥局)对摩托车通行放弃管理。

④湖北省高速公路警察总队三支队公安大队对大桥交通秩序管控、交通事故预防管理工作不力。

⑤五峰县公安交管部门对摩托车驾驶人的培训、考试管理混乱。

⑥荆州市交通运输局行业安全监管失职。

⑦荆州市政府对大桥江南片区二轮摩托车免费通行越权审批,安全管理不到位。

⑧湖南路桥建设集团公司大桥安全护栏施工质量存在缺陷。

⑨湖南湖大建设监理有限公司监理工作不到位。

4. 道路设施及安全管理的问题

大桥局在荆州市政府批复同意对部分摩托车免费通行后,没有制订相应的管理制度和实施办法,没有制订、采取相应的管理制度和措施,没有对设立的摩托车专用通道实施专门值守和验证通行,对摩托车专用通道失管失控。

荆州市交通运输局行业安全监管失职。荆州市交通运输局对大桥局上报的请示未经局领导班子认真研究,上报市政府同意后,即转大桥局实施。未督促大桥局制订相应的管理制度和措施,对大桥局的违规行为没有检查制止,监管失职。

> 依据:《安全生产法》第九条 县级以上地方各级人民政府有关部门依照本法和其他有关法律、法规的规定,在各自的职责范围内对有关行业、领域的安全生产工作实施监督管理。

荆州市政府未经省政府同意,越权对荆州市交通运输局上报的请示予以批复同意,批复后督促检查不够;湖南路桥建设集团公司在对大桥安全护栏底座与预埋的钢筋焊接中,焊缝尺寸不稳定,大部分焊缝金属与钢筋未融合或融合深度较浅,存在安全隐患。

湖南湖大建设监理有限公司在监理工作中,未能及时发现湖南路桥建设集团公司施工的大桥安全护栏底座与预埋的钢筋焊接焊缝尺寸不稳定,大部分焊缝金属与钢筋未融合或融合深度较浅的安全隐患,履行监理职责不到位。

5. 公路相关人员和单位追责情况

湖南××建设集团公司荆沙长江公路大桥(现荆州长江公路大桥)F标项目经理部项目

副经理,对大桥安全护栏底座与预埋的钢筋焊接质量把关不严,焊缝尺寸不稳定,存在安全隐患,对事故的发生负有重要领导责任。湖南路桥建设集团公司对其进行党纪政纪处分。

湖南××建设监理有限公司荆沙长江大桥F标监理处总监理工程师,未能及时发现湖南路桥建设集团公司大桥F标项目经理部施工的安全护栏底座与预埋的钢筋焊接焊缝尺寸不稳定的安全隐患,对事故发生负有重要领导责任。湖南湖大建设监理有限公司对其进行党纪政纪处分。

大桥局通行费征收所所长,主持全面工作,对摩托车办证通行工作不落实;对摩托车违规通行大桥放弃管理,严重失职。对事故的发生负有主要领导责任。依据《事业单位工作人员处分暂行规定》第十七条、《中国共产党纪律处分条例》第一百三十三条之规定,给予撤职、党内严重警告处分。

大桥局通行费征收所副所长,分管收费现场工作,对摩托车专用通道的管理、通行证查验、收费等工作失管失控,严重失职。对事故的发生负有主要领导责任。依据《事业单位工作人员处分暂行规定》第十七条、《中国共产党纪律处分条例》第一百三十三条之规定,给予撤职、党内严重警告处分。

大桥局副局长,分管收费、路政、安全等工作,对收费、路政等安全管理工作领导、指导、督促不力,对摩托车随意通行大桥的违规情况失察失管。对事故的发生负有主要领导责任。依据《事业单位工作人员处分暂行规定》第十七条、《中国共产党纪律处分条例》第一百三十三条之规定,给予记过、党内严重警告处分。

大桥局通行费征收所副所长,分管监控票管室和稽查监管工作,对通行摩托车未按规定收费稽查不力,对事故的发生负有重要领导责任。依据《事业单位工作人员处分暂行规定》第十七条之规定,给予记过处分。

大桥局局长,主持全面工作,在提出并实施开设摩托车专用通道前后,未进行充分调查论证,未组织制定具体的管理制度和实施办法,对摩托车违规随意免费通行的情况失察失管,对事故的发生负有重要领导责任。依据《事业单位工作人员处分暂行规定》第十七条之规定,给予记过处分。

荆州市交通运输局局长,主持全面工作,对大桥局提出的请示未经局领导班子认真研究即批准转报荆州市政府,在市政府同意该请示事项后,未认真督促大桥局制定相应的管理制度和实施办法,未组织开展对摩托车办证免费通行情况进行检查,对大桥局违规行为失察失管。对事故发生负有重要领导责任。依据《行政机关公务员处分条例》第二十条之规定,给予记过处分。

荆州市政府原副市长,在2012年5月14日收到市交通局请示后,既没有报请省政府审批,也没有向市长报告,直接越权签批:"同意"(无纸化办公,电子签批),批转市交通局、大桥局执行。批示后,没有检查市交通局和大桥局的落实情况,对大桥重大交通安全隐患失察。依据《行政机关公务员处分条例》第二十一条之规定,给予警告处分。

6.公路运营安全相关建议

在公路运营安全方面,本案主要反映出施工公司在施工过程中,施工质量不满足要求、监理公司履行监理职责不到位、大桥管理单位没有制订针对摩托车的管理制度和措施等方面的问题。还反映出公路管理部门未督促大桥管理单位制定相应的管理制度和措施、对大桥管理单位的违规行为没有检查制止、监管失职等方面的问题。

通过此案例的警示,建议公路运营企业、公路管理部门等相关单位应重点做好以下三个方面的工作:

(1)公路管理单位应严格按照相关法律法规的要求,制定摩托车通行大桥、高速公路等的政策,严把入口关。

(2)公路管理单位应重点关注桥梁的防护能力,及时对不符合要求的桥梁护栏进行升级改造,消除隐患;要严格做到隐患治理责任、措施、资金、期限和应急预案"五落实"。

(3)公路管理部门和公安部门应协调联动,加大桥梁、隧道等重点路段的交通管控力度,降低通行限速,科学设置交通分隔设施,合理引导各类交通工具有序通行。

三、广东广州广深沿江高速"6·29"交通事故引发爆燃重大事故

1. 事故基本情况

2012年6月29日4时19分22秒,茶陵县××物流运输有限公司所属的湘B×××××/湘B××××挂号槽罐车,行驶至广深沿江高速夏岗出口附近时(K5+300处),为了替换车辆驾驶人,将车辆停靠在道路最外侧车道和应急车道之间。4时20分10秒,湘L×××××号货车驶来,未采取任何避让措施,追尾碰撞湘B×××××/湘B××××挂号槽罐车,造成B×××××/湘B××××挂号槽罐车罐体破损,装载的约54.22t溶剂油泄漏,并沿高速公路路面(斜坡路段)自西向东流淌,同时经高速公路10个排水口的排水管,流淌至离高速公路高架桥约12m下方及周边地区。5时16分28秒,泄漏的溶剂油遇高速公路下的过往机动车产生的火花引起连环爆燃,波及广深沿江高速公路夏港高架桥下及周边的货物堆场、工棚等建、构筑物,并引起燃烧,导致20人死亡、31人受伤的事故发生。

2. 事故路段情况

事故发生路段位于广深沿江高速公路南行K5+300(属"广州黄埔至麻涌高速公路"范围),该路段设有北往南三条行车道,从中央分隔带起依次为第一车道、第二车道、第三车道和应急车道。主线右侧为夏港入口匝道,沥青路面,完好干燥,直路微下坡。现场路段交通信号方式为标志标线,夜间无路灯照明。该路段限速100km/h。

"广州黄埔至麻涌高速公路"于2005年10月由省发展改革委核准立项。事故路段采用高速公路标准,设计速度100km/h,双向六车道,桥梁荷载采用公路—Ⅰ级,项目设计单位为中铁二院工程集团有限公司,施工单位为广东省长大公路工程有限公司。本工程于2012年1月10日进行交工验收,交工验收组织单位为广东广深沿江高速公路有限公司,质量监督验收单位为广东省交通运输工程质量监督站,此次验收结论为"工程质量评分为95.5分,工程质量合格,具备通车条件,可以交付使用。"广东广深沿江高速公路有限公司于2012年1月11日以文件《关于申请广深沿江高速公路广州至东莞段一期工程交工验收试运营通车备案的请示》(广深沿江〔2012〕25号)将相关交工验收资料报送至广州市交通委员会申请备案,再由广州市交通委员会报送至广东省交通运输厅。同时,广东省交通运输工程质量监督站也出具了《工程质量检测报告》报送至省交通运输厅。广东省交通运输厅于1月16日出具了"项目交工验收报告备案处理表",备案意见为原则同意通车试运营。该路段于2012年1月18日正式通车试运营,委托广东省长大公路工程有限公司进行日常维护。该路段符合法

律法规规定的通车要求。

3. 事故原因分析

（1）直接原因。

湘B×××××/湘B××××挂号槽罐车在广深沿江高速公路违法停车，湘L×××××号货车追尾碰撞湘B×××××/湘B××××挂号槽罐车，造成湘B×××××/湘B××××挂号槽罐车装载的54.22t溶剂油泄漏。

泄漏溶剂油流淌至离高速公路高架桥约12m下方及周边地区，挥发的可燃气体与空气混合形成爆炸性的混合气体，遇桥下面过往机动车产生的火花引起连环爆燃，导致重大人员伤亡事故。

（2）间接原因。

①××公司违法违规从事危险品道路运输。

②广东省××交通设备制造有限公司违规生产销售运油半挂车。

③茶陵县××机动车检测有限公司对运油半挂车（湘B××××挂）检测时违规操作，弄虚作假。

④湖南省特种设备检测中心（湖南省危险化学品包装容器检验中心）对湘B××××挂号半挂车的罐体检测把关不严。

⑤茶陵县交警大队车辆管理所对运油半挂车（湘B××××挂）检测时违规操作，弄虚作假。

⑥株洲市交警支队车管所在为运油半挂车（湘B××××挂）核发行驶证时审核不严。

⑦事发路段周边存在非法构、建筑物，并有大量人员居住。

⑧广东省公路管理局广深沿江高速公路有限公司路政大队工作不到位。

⑨广州市交通委员会综合行政执法局监管不力。

⑩广东省公路管理局路政管理处工作指导、督促不到位。

⑪广州市黄埔区南岗街道城管执法队对违法建设查控不力。

⑫广州市城市管理综合执法局黄埔分局作为查处违法建设工作的牵头部门，未做好对辖区内违法建设查处的统筹协调和组织实施工作。

⑬广州市黄埔区南岗街道办事处在查处违法建设、无照经营等方面工作不力。

⑭工商行政管理部门查处无照经营行为工作不力。

⑮林业管理部门查处无照经营木材行为工作不力。

⑯黄埔区、萝岗区政府贯彻落实相关法律法规及方针政策不到位。

4. 道路设施及安全管理的问题

广东省公路管理局广深沿江高速公路有限公司路政大队，未采取有效措施及时发现、制止广深沿江高速公路夏港高架桥下公路用地范围内停放汽车、倾倒余泥等行为（事故中高架桥下有七部汽车被烧毁，桥下堆积大量建筑余泥），也未及时将广深沿江高速公路夏港高架桥下高速公路建筑控制区内木材加工作坊等违法建设情况告知交通部门综合执法机构处理，工作不到位。

广州市交通委员会综合行政执法局未采取有效措施及时巡查、查处广深沿江高速公路夏港高架桥下高速公路建筑控制区内木材加工作坊等违法建设，监管不力。

广东省公路管理局路政管理处对广东省公路管理局广深沿江高速公路有限公司路政大队的相关巡查工作指导、督促不到位。

广州市黄埔区南岗街道城管执法队对广深沿江高速公路夏港高架桥周边属于本单位管辖的区域内的违法建设查控不力,未采取有效措施及时制止、查处该区域内的违法建设,对难以查控和拆除的违法建设未及时提请街道办事处、区城管执法分局处理。

广州市城市管理综合执法局黄埔分局作为查处违法建设工作的牵头部门,未按照广州市人民政府办公厅《关于强化查控违法建设工作责任制的实施意见》的有关要求,做好对辖区内违法建设查处的统筹协调和组织实施工作;未有效指导和协助南岗街道办查处违法建设,致使南岗街道办辖区内事故发生地存在大量违法建设;未及时组织直属中队和街道执法队对街道难以拆除的违法建设依法进行清拆;对区政府交办的"竹木市场"(包含事故发生地的木材加工作坊等)综合整治任务办理不认真,未跟踪检查和督导落实,整治效果不明显,存在消防安全隐患的违法建设未彻底清拆。

广州市黄埔区南岗街道办事处在查处违法建设、无照经营等方面工作不力:

(1)对辖区内违法建设的查控不力。未按照有关规定,做好辖区内违法建设的日常巡查、发现、制止、拆除和报告等工作,未有效制止违法建设的长期存在,对辖区内难以拆除的违法建设未及时向黄埔区城管综合执法局报告。

(2)对辖区内无照经营查处协助工作未落实。未做好事故发生地及周边无照经营的摸查工作,对事故发生地及周边的无照经营活动,未及时通报有关部门进行查处。

(3)对区政府交办的整治任务落实不到位。对区政府交办的"竹木市场"(包含事故发生地的木材加工作坊等)综合整治的任务落实不彻底,未跟踪检查和督导落实,整治工作效果不明显,存在消防安全隐患的违法建设未彻底清拆。

5.公路相关人员和单位追责情况

(1)移交司法机关。

广州市黄埔区南岗街道城管执法队队长,广东省公路管理局广深沿江高速公路路政大队副大队长,广东省公路管理局广深沿江高速公路路政大队一中队中队长,3人因涉嫌玩忽职守罪被检察机关立案侦查。

> 依据:《刑法》第三百九十七条【滥用职权罪;玩忽职守罪】国家机关工作人员滥用职权或者玩忽职守,致使公共财产、国家和人民利益遭受重大损失的,处三年以下有期徒刑或者拘役;情节特别严重的,处三年以上七年以下有期徒刑。本法另有规定的,依照规定。国家机关工作人员徇私舞弊,犯前款罪的,处五年以下有期徒刑或者拘役;情节特别严重的,处五年以上十年以下有期徒刑。本法另有规定的,依照规定。

(2)党政纪处分。

广州市交通委员会综合行政执法局高速公路大队大队长,主持高速公路大队全面工作。在任职期间,未采取有效措施及时巡查、查处广深沿江高速公路夏港高架桥下高速公路建筑控制区内木材加工作坊等违法建设,监管不力。依据《行政机关公务员处分条例》等相关规定,给予记过处分。

广州市城市管理综合执法局黄埔分局副局长,协助局长工作,分管"两违"查处工作,具体分管直属一中队。作为分管查处违法建设的副局长,管理工作不到位,对南岗街道辖区内查控违法建设工作统筹协调和指导协助不力,未及时组织清拆违法建设执法行动,对黄埔区政府交办的"竹木市场"(包含事故发生地的木材加工作坊等)综合整治任务落实不到位。依据《行政机关公务员处分条例》等相关规定,给予记过处分。

广州市黄埔区人民政府南岗街道办事处副主任,分管城市管理、"三旧"改造、规划、建设、国土房管等工作。作为辖区内查控违法建设的街道办分管责任人,对黄埔区政府和广州市城市管理综合执法局黄埔分局交办的"竹木市场"(包含事故发生地的木材加工作坊等)综合整治任务落实不彻底,对城管执法队未及时整治辖区内事故发生地的违法建设管理不到位,对事故的发生负有主要领导责任。依据《行政机关公务员处分条例》《中国共产党纪律处分条例》等相关规定,给予行政降级、党内严重警告处分。

6. 公路运营安全相关建议

在公路运营安全方面,本案主要反映出高速公路路政部门未采取有效措施及时发现、制止高速公路高架桥下公路用地范围内的违法行为,未及时将该违法行为告知交通部门综合执法机构处理的问题。也反映出综合行政执法部门未采取有效措施及时巡查、查处高速公路高架桥下高速公路建筑控制区内违法行为的问题。还反映出上级公路管理部门对路政部门的相关巡查工作指导和督促不到位等方面的问题。

通过此案例的警示,建议高速公路路政部门、综合行政执法部门及上级公路管理部门等相关单位应重点做好以下三个方面的工作:

(1)交通运输管理部门要理清监管工作职责。进一步厘清道路下属综合执法、路政管理和高速公路路政执法三者之间的关系,厘清各级交通管理部门的工作职责,特别是对于公路控制区的管理,落实工作责任,避免重叠管理和漏管、失管的现象。

(2)按照有关法律法规要求,对辖区内高速公路、快速路、桥梁(含立交桥)、涵洞隧道等区域的乱搭乱建、乱堆乱放情况进行拉网式排查,着重对高速公路主要路线两侧控制区范围内的窝棚、工棚等临时违法建(构)筑物进行清查和拆除。

(3)完善高速公路建筑控制区安全监管长效机制。探索建立路、桥管理部门以及地方政府联动机制,建立健全行之有效的长效管理机制,从根本上消除高速公路和快速路控制区域内的各类安全隐患,理顺管理职责,落实日常管理。

四、山东烟台荣乌高速"1·16"重大道路交通事故

1. 事故基本情况

2015年1月16日17时52分许,鲁Y×××××号"五菱牌"轻型客车沿荣乌高速公路由西向东行驶至K305+449.13处(饮马池大桥),因路面结冰,轻型客车失控,与中央隔离带钢板护栏碰撞后停在应急车道上,驾驶人下车查看情况后,向保险公司报警。之后冀J×××××号"解放牌"重型罐式货车行驶至K305+449.13处,车辆发生侧滑,后尾部与桥南侧水泥护栏发生碰撞刮擦,向前行驶中撞到鲁Y×××××号"五菱牌"轻型客车左后尾部,共行驶71.55m后,货车的左前部又与中央隔离带钢板护栏刮擦后,车辆向右后方移动2.98m,斜向停于左侧车道和右侧车道。之后行驶至此的鲁F×××××号大型普通客车右前侧与冀J×××××号"解放牌"重型罐式货车的左后尾部发生碰撞,车体朝东北方向停

在左侧车道、右侧车道和应急车道上,碰撞造成罐式货车卸油口损坏,所载汽油泄漏(约2t)。鲁K×××××号小型越野客车行驶至此,小型越野客车的右前部撞到鲁F×××××号大型普通客车左侧中前部,撞击产生的火花引起冀J×××××油罐车泄漏的汽油蒸汽与空气的混合物爆燃,引燃4辆事故车辆,造成12人死亡(8人烧死,4人跳车坠桥死亡),6人受伤的重大道路交通事故。

2. 事故路段情况

事故发生地点位于荣乌高速公路K305+500处,潍坊至烟台方向,莱州境内饮马池大桥上。沥青路面,东西走向,双向四条行车道,二条应急车道,路面单向机动车道宽(由北向南)依次为3.75m、3.75m、3.6m。中间护栏为波形防撞护栏,高0.85m,中心隔离带宽4.1m,中心隔离带中间漏空,波形防撞护栏上装有防眩板,防眩板高1.58m。桥两侧水泥边护栏,高0.95m,宽0.5m。饮马池大桥长686.76m,距地高18.3m,从大桥西侧至事故现场中心(大客车停驶位置)为480m,系缓慢坡,坡度为1.15%,从桥南水泥护墩到现场中心护栏坡度为2%,桥梁位于竖曲线中,曲线半径5500m。事发路段小型车辆限速120km/h,大型车辆100km/h。

3. 事故原因分析

(1) 直接原因。

冀J×××××号"解放牌"重型罐式货车超载并在冰雪路面超速行驶,因操作失误造成车辆失控,向右侧滑后,又向左偏驶,在向左偏驶的过程中追尾碰撞鲁Y×××××号"五菱牌"轻型客车后,继续向左偏驶,在剐擦中央隔离带钢板护栏停车后,后溜2.98m,停在左侧车道和右侧车道内,堵塞了由西向东行驶的行车道。后方驶来的鲁F×××××号大型普通客车在冰雪路面超速行驶,操作不当,右前角与冀J×××××号"解放牌"重型罐式货车左后角相撞,并向右旋转,尾部碰撞南侧水泥护栏停车。冀J×××××号"解放牌"重型罐式货车押运员违反油罐车安全操作规范,未关闭紧急切断阀,在与鲁F×××××号大型普通客车碰撞中,货车罐体卸料口损坏,所装货物(汽油)泄漏。

鲁K×××××号小型越野客车在冰雪路面超速行驶,驾驶人发现鲁F×××××号客车和冀J×××××号"解放牌"货车停在路面后,采取措施过晚,直接撞在大型普通客车的左侧中前部,产生火花,引起冀J×××××货车罐体泄漏的汽油蒸汽与空气的混合物爆燃,造成12人死亡,6人受伤,4车损毁。这次事故导致多人伤亡是多种因素叠加的结果,主要原因是油罐车押运员在非装卸时未关闭紧急切断阀,违反了紧急切断阀操作规程,导致油罐车泄漏了大量汽油。

(2) 间接原因。

①河北省沧州临港××运输有限公司、烟台××交运集团有限责任公司及其××运输分公司、山东××餐饮管理有限公司、山东××石油化工集团有限公司企业安全生产主体责任不落实。

②济南××集团专用汽车有限公司、济南××机械制造有限公司未取得强制性产品认证,非法生产并销售肇事重型罐式货车罐体。

③济南××车辆销售服务有限公司违规销售肇事重型罐式货车,违规提供肇事重型罐式货车整车合格证并开具整车销售发票。

④德州××特种设备检测有限公司违法出具虚假检验合格报告。

⑤荣乌高速公路莱州管理处履行高速公路巡查和清雪防滑职责不力。莱州市公安局对高速公路交通安全隐患处置不到位。

⑥烟台市交通运输管理部门、济南市长清区质量技术监督局、济南市长清区工商行政管理局平安工商所、德州市质量技术监督局、东营市道路运输管理处履行企业安全管理工作职责不到位。

4. 道路设施及安全管理的问题

荣乌高速公路莱州管理处履行高速公路巡查和清雪防滑职责不力。雨雪天气巡查频次和力度不够，除雪防滑工作开展不力、针对性不强，未及时开展事发地点饮马池大桥等重点路段除雪除冰。

> 依据：《公路法》第三十五条　公路管理机构应当按照国务院交通主管部门规定的技术规范和操作规程对公路进行养护，保证公路经常处于良好的技术状态。
> 《公路安全保护条例》第四十七条　公路管理机构、公路经营企业应当按照国务院交通运输主管部门的规定对公路进行巡查，并制作巡查记录。

5. 公路相关人员和单位追责情况

荣乌高速公路莱州管理处路政大队三中队中队长，雨雪天气路政巡查频次和力度不够，未及时发现事发地点饮马池大桥等重点路段存在安全隐患问题，对事故发生负有直接监管责任。依照《事业单位工作人员处分暂行规定》第十七条、参照《安全生产领域违法违纪行为政纪处分暂行规定》第八条、第十七条之规定，给予其降低岗位等级处分。

荣乌高速公路莱州管理处养护工区副主任（主持工作），在雨雪天气未加大养护巡查频次和力度，未及时开展事发地点饮马池大桥等重点路段除雪除冰，对事故发生负有直接监管责任。依照《中国共产党纪律处分条例》第一百三十三条、《事业单位工作人员处分暂行规定》第十七条、参照《安全生产领域违法违纪行为政纪处分暂行规定》第八条、第十七条等规定，给予其党内严重警告、降低岗位等级处分。

荣乌高速公路莱州管理处路政大队大队长，雨雪天气对路政巡查工作督促指导不力，对事发地点饮马池大桥等重点路段存在安全隐患失察，对事故发生负有主要领导责任。依照《事业单位工作人员处分暂行规定》第十七条、参照《安全生产领域违法违纪行为政纪处分暂行规定》第八条、第十七条之规定，给予其记过处分。

荣乌高速公路莱州管理处处长、党总支副书记，对雨雪天气巡查工作不到位、除雪防滑工作开展不力问题失察，对事故发生负有重要领导责任。依照《事业单位工作人员处分暂行规定》第十七条、《安全生产领域违法违纪行为政纪处分暂行规定》第八条之规定，给予其行政记过处分。

6. 公路运营安全相关建议

在公路运营安全方面，本案主要反映出高速公路运营企业履行高速公路巡查和清雪防滑职责不力，雨雪天气巡查频次和力度不够，除雪防滑工作开展不力、针对性不强，未及时开展事发地点饮马池大桥等重点路段除雪除冰等方面的问题。

通过此案例的警示，建议公路运营企业、公路管理部门等相关单位应重点做好以下两个

方面的工作:

(1)在日常公路运营中,公路运营企业应进一步完善应对恶劣天气及路况的措施和预案,及时开展桥梁、隧道等重点路段的除雪除冰工作,确保特殊气象条件和路况下的行车安全。

(2)要排查高速公路桥梁等特殊路段状况,根据需要在高速公路桥梁两侧安装遮挡板或防护网,在中央隔离带漏空处设置警告标志或安装防护网,防止事故逃生人员坠桥。

第三节　弯坡组合路段典型案例解析

一、江西赣州319国道"2·20"重大道路交通事故

1. 事故基本情况

2018年2月20日10时12分许,瑞金市××运输服务有限公司所属的赣B×××××号中型普通客车(核载19人,实载31人),行驶至319国道K428+918处附近(赣州市宁都县对坊乡葛藤坳路段)弯道下坡路段时,车辆失控导致向左驶出路外,仰翻在道路西侧路坎下(高差6.8m),造成赣B×××××号车内11人死亡、20人受伤的重大道路交通事故。事发路段示意如图4-5所示。

图4-5　江西赣州319国道"2·20"事故事发路段示意图

2. 事故路段情况

事故现场位于G319国道K428+900~K429+120处(宁都县对坊乡境内),道路呈南北走向,北往宁都县城,南往瑞金市区。1998年江西省计划委员会初步设计批复:"本路段采用一级公路(不封闭)标准一次设计,分期实施。线形完全按一级公路设计施工;路宽应按一级公路标准预留规划控制红线;本期建设的路基宽度统一按平丘15m、山岭重丘12m的标准处理。"对照标准,该路段在一期完工后并不满足一级公路标准,并且之后未再实施后期工程。2014年该路段养护大中工程路面工程交工验收检测报告明确认定该路段是二级公路。因此,交通、公路管理部门按二级公路进行管养,交警部门按二级公路管控。事故发生路段为弯道,沥青混凝土路面,双向两车道,道路中心施划有黄色单实线,行车分隔线清晰可见。两车道均宽4.5m,硬路肩宽1.5m,该弯道限速40km/h。事故现场双向2km范围内设置交通标志20处,由南往北(瑞金往宁都)共15处。

3. 事故原因分析

(1)车辆失控原因认定。

事故车辆严重超载。经查,赣B×××××号客车核载19人,事发时载有31人(其中1.2m以下免票儿童3名),超载53%。

事故车辆超速行驶。经公安部交通管理科学研究所道路交通事故鉴定中心对车载的具有定位功能的行驶记录仪检验发现:该车在事故发生的10时12分23~45秒时段内,行驶速度由58km/h提速至70km/h,45秒时(即车速70km/h)制动1秒;在10时12分46~49秒时段内,行驶速度由63km/h上升至68km/h,49秒时(即车速68km/h)又制动1秒;在10时12分50~59秒时段内,行驶速度由63km/h下降至0km/h,此过程12分55~57秒实施了持续3秒的制动。而事故路段(G319国道宁都县对坊乡K428+900~K429+120)为弯道,限速为40km/h。

驾驶人操作不当。据车载行车监控视频显示,车辆在事故前出现行驶方向大幅摆动的异常情况,系因驾驶人操作不当造成。

(2)人员重大伤亡原因分析。

车厢内站立乘客且乘员未系安全带。为了最大化载客,禄祥公司在购买事故车辆时,要求生产厂商在车厢内顶部安装了扶手拉杆,为站立乘客创造条件。事故发生时,车厢内大量乘客站立,且驾驶人和乘客均未系安全带,车辆失控后,人员互相挤压或被甩出车外,造成重大人员伤亡。

事发路段缺少防护设施。事故路段未安装能够拦阻车辆冲出路外的防护设施,致使事故车辆失控后驶出路外,仰翻在道路西侧高差6.8m的路坎下,加重了事故损失。

> 依据:《公路交通安全设施设计规范》(JTG D81—2006)第4.2.1条规定,(1)车辆驶出路外有可能造成二次特大事故的路段必须设置路侧护栏。(2)凡符合下列情况之一、车辆驶出路外有可能造成单车特大事故或二次重大事故的路段必须设置路侧护栏:①二级及以上等级公路边坡坡度和路堤高度在Ⅰ区(边坡坡度大于1:1,路堤高度大于4m)方格阴影范围之内的路段;②路侧有江、河、湖、海、沼泽、航道等水域的路段。

综上所述,经现场勘验、检测鉴定和综合分析,认定:赣B×××××号客车严重超载、雨天行经弯道下坡限速路段超速行驶、驾驶人操作不当是导致事故发生的直接原因。

4. 道路设施及安全管理的问题

(1)赣州市公路局宁都县公路分局。2017年12月27日,赣州市公路管理局下达"赣市公路养字〔2017〕67号"文件(次日送达各分局),要求"各分局接通知后,严格按照施工图设计及有关施工技术规范要求精心组织实施,确保工程质量,并于春运开始前(2018年2月1日前)全面完成下达任务",并下达了设立波形钢梁护栏和交通标志的工程量,但截至事故发生时事故路段的安全生命防护工程仍未动工。

(2)赣州市公路局。2017年5月省公路局正式下达了省级追加安防工程计划(事发路段的防护栏安装列入该项目),6月资金拨付至赣州市公路局,但赣州市公路局2017年12月27日才正式将计划任务下达给各任务分局,要求2018年2月1日春运开始前全面完成。对已下达的安全生命防护工程任务,赣州市公路局虽然调度了各分局进展情况,但在获悉宁都县公路分局未开工后未采取措施督促落实任务的完成。

依据:《公路建设监督管理办法》第六条　设区的市和县级人民政府交通主管部门按照有关规定负责本行政区域内公路建设项目的监督管理。

---

5. 公路相关人员和单位追责情况

赣州市公路管理局宁都分局副局长,分管工程建设、安全生产和公路养护。作为分管安全生命防护工程建设的单位负责人,在上级机关已明确工作任务和时间节点、单位主要负责人已作出批示的情况下,未采取有效措施推动行动,致使该项建设工程在事故发生前未动工。对此负有主要领导责任,给予撤职处分。

赣州市公路管理局宁都分局原局长,主持本单位全面工作。作为单位主要负责人,对安全生命防护工程建设领导、督促不力,致使该项建设工程在其任期内未有任何实质性进展。收到宁都县预防道路交通事故工作领导小组办公室印发的道路交通安全隐患整治督办函后,没有采取相应措施应对,在调离宁都时也未对该项工作进行交接。对此负有重要领导责任,给予记过处分。

赣州市公路管理局宁都分局局长,主持本单位全面工作。作为单位主要负责人,对单位工作了解不深入,在参加全市公路工作会议及收到宁都县预防道路交通事故工作领导小组办公室印发的道路交通安全隐患整治督办函后,没有采取相应措施应对,存在履职不到位的情况。对此负有重要领导责任,给予警告处分。

依据:《事业单位工作人员处分暂行规定》第十七条　有下列行为之一的,给予警告或者记过处分;情节较重的,给予降低岗位等级或者撤职处分;情节严重的,给予开除处分:(九)其他违反工作纪律失职渎职的行为。

赣州市公路管理局副局长,分管公路养护、安全生产,未及时将省公路管理局下达的省级追加安防工程计划(事发路段的防护安装列入该项目)转达至各县(市、区)分局;在该局养护科两次调度各分局安全生命防护工程建设进度情况中均表明宁都分局未有任何实质性进展的情况下,未采取措施督促落实任务的完成。对此负有重要领导责任,给予警告处分。

6. 公路运营安全相关建议

在公路运营安全方面,本案主要反映出公路管理部门未按照下达的安防工程计划设立波形钢梁护栏和交通标志等交通安全设施,收到道路交通安全隐患整治督办函后未采取相应措施应对等方面的问题。

通过此案例的警示,建议公路管理部门等相关单位应重点做好以下三个方面的工作:

(1)公路管理部门应对管养的路段进行全面排查,对排查出的隐患,按照轻重缓急分级分类制定整治计划和管控措施,按"先重点、后一般"的原则,逐步对桥梁、隧道、急弯陡坡、临水临崖等重点路段进行重点整治。

(2)公路管理部门应按公路现有通行条件对管养公路重新评定等级并采取相应管控措施,对平、纵、横指标达到一级公路标准的路段,完善安全生命防护工程,对事故多发路段进行重点整治;公路线形指标和路基、路面宽度不满足要求的路段,原则上降为二级公路管理。

（3）公路管理部门应加强对新建和改建公路的监管，严格按规范要求，达到相应的等级，避免出现高低配的情况。

二、陕西咸阳淳卜路"5·15"特别重大道路交通事故

1. 事故基本情况

2015年5月15日15时27分，陕B×××××号大型普通客车行至淳卜路K1+450处下坡左转弯时，车辆失控由道路右侧冲出路面，越过路外侧绿化带并向右侧翻滑下落差32m的山崖，车头右前侧撞击地面，头下尾上、右侧车身后部斜靠在崖壁上，造成35人死亡、11人受伤的特别重大道路交通事故。事故现场情况如图4-6所示。

2. 事故路段情况

图4-6　陕西咸阳淳卜路"5·15"事故现场

事故路段为咸阳市淳化县淳卜路，该公路系县道三级公路，由淳化县城通往卜家村，全长33.96km，设计速度30km/h，局部四级公路设计速度20km/h。该公路始建于20世纪70年代，2007年4月经陕西省发展改革委批准立项进行改建，淳化县交通运输局委托陕西能通工程咨询有限公司进行改建工程设计并组织工程施工。2008年10月14日经咸阳市交通工程质量监督站组织验收后，交付淳化县农村公路管理站养护运营。2012年，淳化县交通运输局按照咸阳市交通运输局相关文件要求，组织对淳卜路实施了文明示范路改造与养护，主要进行了部分路面封层、路肩硬化、边沟增设、标志标线增设、安保设施安装，以及绿化、管护等。

事故现场位于淳卜路K1+450处，该路段弯道半径为20.0m，纵坡度2.68%，路拱合成坡度5.25%，沥青路面，有效路面宽度9.0m，中央施划有黄色单实线。事故车辆冲出弯道的点位断面外侧为高出路面0.3~0.5m的绿化带，绿化带外侧临崖，路基边缘至崖口面的距离约8.2m。K1+440处至K1+504处有单砖四层绿化围挡，高0.24m、宽0.11m；K1+389处至K1+440处设有波形护栏。沿坡道向上，K2+395处卜家村至淳化方向设有"陡坡"警告标志；K3+40处卜家村至淳化方向设有"向右急转弯"警告标志；K3+250处淳化至卜家村方向设有"限速40km/h"的禁令标志和"向右急转弯""起伏路面"2块警告标志。经查，事故发生时该路段主要技术指标符合相关标准规范要求。按照淳卜路2007年改建工程设计文件，K1+365处至K1+460处应设置钢筋混凝土城垛式防撞墙，但施工时未实施，也未通过规定程序进行设计变更。

3. 事故原因分析

（1）直接原因。

驾驶人驾驶制动系统技术状况严重不良的大客车，行经下陡坡、连续急弯路段时，因制动力不足造成车速过快，行至发生事故的急弯路段时达到59km/h，在离心力作用下出现侧滑，失控冲出路面翻坠至崖下。客车坠崖后车头猛烈撞击地面，冲击力造成乘客向前翻倒，由于客车座椅与车身连接强度不足，事故发生时70%的座椅发生脱落，砸压车内乘客，进一

步加重了事故伤亡后果。

(2)间接原因。

①××公司机动车安全技术性能检验工作管理混乱。

②××××生活馆无照经营,非法组织旅游活动。

③铜川市质量技术监督局对机动车检验机构监督检查不到位。

④铜川市公安局交警支队履行车辆查验职责不到位。

⑤西安市工商局新城分局未及时查处依诺相伴生活馆非法经营行为。

⑥西安市旅游部门对旅游市场安全监管不到位。

⑦西安市交通运输管理处履行查处非法营运大客车工作职责不到位。

⑧西安市临潼区交通运输局执法行为不规范。

⑨咸阳市交通运输局违反公路工程质量管理相关规定,对淳卜路改建工程验收及质量监督工作履职不到位。

⑩咸阳市淳化县交通运输局违反公路工程质量管理相关规定,在事故路段改建过程中未按设计文件设置安全防护设施,"打非治违"工作开展不力。

4.道路设施及安全管理的问题

(1)咸阳市交通运输局违规组织淳卜路改建工程验收工作,在设计文件中安全防护设施等工程项目未建设的情况下,出具《淳化县城关至卜家公路改建工程竣工验收鉴定书》。

(2)咸阳市交通工程质量监督站对淳卜路改建工程质量监督不到位,未发现建设施工违反设计文件、安全防护设施缺失的问题。

(3)咸阳市淳化县交通运输局作为2007年淳卜路改建工程的建设单位,在项目招投标时未将已批复设计文件中的安全防护设施等项目工程纳入招标范围,也未通过规定程序进行设计变更,在包括安全防护设施等工程项目未按设计施工的情况下申请项目整体竣工验收,造成淳卜路安全防护设施缺失,安全防护能力不足。

> 依据:《公路法》第三十三条　公路建设项目和公路修复项目竣工后,应当按照国家有关规定进行验收;未经验收或者验收不合格的,不得交付使用。
>
> 《公路建设监督管理办法》
>
> 第八条　县级以上人民政府交通主管部门应当按职责权限审批或核准公路建设项目,不得越权审批、核准项目或擅自简化建设程序。
>
> 第十一条　县级以上人民政府交通主管部门根据国家有关规定,按照职责权限负责组织公路建设项目的项目建议书、工程可行性研究工作、编制设计文件、经营性项目的投资人招标、竣工验收和项目后评价工作。公路建设项目的项目建议书、工程可行性研究报告、设计文件、招标文件、项目申请报告等应按照国家颁发的编制办法或有关规定编制,并符合国家规定的工作质量和深度要求。
>
> 第十四条　公路建设项目必须符合公路工程技术标准。施工单位必须按批准的设计文件施工,任何单位和人员不得擅自修改工程设计。已批准的公路工程设计,原则上不得变更。确需设计变更的,应当按照交通部制定的《公路工程设计变更管理办法》的规定履行审批手续。

> 第二十二条 公路建设实行工程质量监督管理制度。公路工程质量监督机构应当根据交通主管部门的委托依法实施工程质量监督,并对监督工作质量负责。

5. 公路相关人员和单位追责情况

(1)移交司法机关。

咸阳市交通工程质量监督站站长,咸阳市交通工程质量监督站副站长,原咸阳市淳化县交通运输局公路股股长,3人因涉嫌玩忽职守罪被检察机关立案侦查。

> 依据:《刑法》第三百九十七条【滥用职权罪;玩忽职守罪】国家机关工作人员滥用职权或者玩忽职守,致使公共财产、国家和人民利益遭受重大损失的,处三年以下有期徒刑或者拘役;情节特别严重的,处三年以上七年以下有期徒刑。本法另有规定的,依照规定。国家机关工作人员徇私舞弊,犯前款罪的,处五年以下有期徒刑或者拘役;情节特别严重的,处五年以上十年以下有期徒刑。本法另有规定的,依照规定。

(2)党政纪处分。

淳卜路改建工程项目竣工验收委员会主任委员,在验收工作中对淳卜路改建工程安全防护设施等工程项目未招标建设的情况失察,对淳卜路建设不符合设计要求却通过验收把关不严,并在验收报告上签字同意,造成淳卜路安全防护设施缺失,防护能力不足,对事故发生负有重要领导责任,给予行政降级、党内严重警告处分。

淳卜路改扩建工程项目验收委员会副主任委员,在验收工作中未认真履行职责,对淳卜路改建工程安全防护设施等工程项目未招标建设的情况失察,对淳卜路建设施工不符合设计要求却通过验收的问题把关不严,造成淳卜路安全防护设施缺失,安全防护能力不足,对事故发生负有重要领导责任,给予行政记大过处分。

淳卜路改建工程指挥部总指挥。未认真履行职责,对淳卜路改建项目建设督促检查不到位,对工程擅自变更设计、未将安全防护设施纳入招标范围、违规提出项目竣工验收申请等问题失察,造成淳卜路安全防护设施缺失,安全防护能力不足,对事故发生负有重要领导责任,给予行政降级、党内严重警告处分。

淳卜路改建工程指挥部副总指挥,未正确履行职责,对淳卜路改建项目建设督促检查不及时、管理不到位、对施工过程中存在的安全防护设施等工程项目未纳入招标范围、违规提出项目竣工验收申请等问题严重失察,导致淳卜路安全防护设施缺失,安全防护能力不足,对事故发生负有主要领导责任,给予行政记大过处分。

淳卜路改建工程指挥部副总指挥,2007年4月在组织实施淳卜路建设工作中未认真履行职责,擅自变更公路设计,未将建设路段安全防护设施等工程项目纳入招标范围,导致淳卜路安全防护设施缺失,安全防护能力不足,对事故发生负有重要领导责任,给予行政降级、党内严重警告处分。

原陕西省咸阳市淳化县交通运输局局长,未正确履行职责,在2008年参与淳卜路改建工程竣工验收时,在该路段安全防护设施等工程项目未按照设计建设施工的情况下,违规提出竣工验收申请,导致淳卜路安全防护设施缺失,安全防护能力不足,对事故发生负有重要领导责任,给予行政记大过处分。

陕西省咸阳市淳化县交通运输局副局长,负责淳卜路设计和招标工作,未正确履行职责,未将建设路段安全防护设施等工程项目纳入招标范围,违规同意提出竣工验收申请,导致淳卜路安全防护设施等工程项目缺失,安全防护能力不足,对事故发生负有主要领导责任,给予行政记大过处分。

6. 公路运营安全相关建议

在公路运营安全方面,本案主要反映出公路管理部门在安全防护设施等工程项目未按设计施工的情况下,申请项目整体竣工验收,违规组织改建工程验收工作等方面的问题。还反映出质量监督站对改建工程质量监督不到位,未发现建设施工违反设计文件、安全防护设施缺失的问题。

通过此案例的警示,建议公路管理部门等相关单位应重点做好以下三个方面的工作:

(1)应高度重视农村、山区道路的安全防护设施建设,严格落实交通安全设施与道路建设主体工程同时设计、同时施工、同时投入使用的"三同时"制度,交通安全设施验收不合格的不得通车运行。

(2)公路建设过程中应严格执行相关技术标准要求,多方落实工程建设经费,确保配套资金保障到位,按项目批复和设计方案有序组织实施。

(3)要全面排查现有农村、山区道路的安全隐患,建立隐患基础台账,确定治理方案,落实治理资金,加快推进公路安全生命防护工程建设。在公路安全隐患整治到位前,应通过多种途径将隐患信息对外进行公布,提前在路面增设警告标志。

三、甘肃甘南州 213 国道"3·3"重大道路交通事故

1. 事故基本情况

2014年3月3日2时20分许,××××公司所属沪D×××××号"宇通牌"大型普通客车,行驶至甘肃省甘南州合作市境内卡加曼乡依毛梁路段国道213线K256+200处,车辆驶出公路西侧路面,与路西侧广告牌钢制立柱相撞后翻车,造成10人死亡、35人受伤的重大道路交通事故。事故现场情况如图4-7所示。

图 4-7 甘南州 213 国道"3·3"重大道路交通事故现场

2. 事故路段情况

事发路段为213国道,二级公路,沥青路面,双向两车道,道路全宽11.62m,沥青路面宽

8.99m,中央以黄虚线分隔,道路西侧行车道宽3.87m,东侧行车道3.82m,两侧施划有车道边缘线。事发路段线形为下坡与弯道组合路段,道路纵坡为2.68%,横坡为-3.5%,弯道半径约为350m。道路设计速度80km/h。事发地向南距依毛梁坡顶900m,向北距离依毛梁坡底7.6km。事故现场向南(合作方向)2.4km处设有限速80km/h交通标志牌1块,900m处设有"连续下坡,抵挡行驶"警示牌,800m处设有"连续下坡"警示牌,770m处设置有"事故多发,减速慢行"黄色提示牌,500m处设置"雷达测速路段"提示牌;事故现场向北1.25km处设有"事故多发"提示牌,1.43km处设置"连续下坡,低挡行驶"警示牌,7.6km处下坡路段结束。事故地点以北6.2km(G213线250km)处,列入2013年事故多发路段,并已治理,道路西侧人造树林田地内距道路路基6.65m和11.3m处,分别载设2根直径约为20cm的广告牌钢制立柱。事故发生时当地天气为小雪,道路路面有薄冰。

3. 事故原因分析

(1)直接原因。

沪D×××××号"宇通牌"大型普通客车驾驶人持实习驾驶证,驾驶后轮轮胎花纹严重磨损的大型普通客车非法营运,夜间行经不熟悉路况的结冰道路超速驾驶,临危采取措施不当,是造成这起交通事故的直接原因。

(2)间接原因。

①上海×××公司安全生产责任制不落实,安全管理混乱,未取得道路运输经营许可资质,使用伪造虚假营运证和省际包车证从事道路运输经营;安全管理规章制度严重缺失,未开展驾驶人资格审查和安全教育,违规聘用不符合驾驶条件的驾驶人驾驶大型普通客车;违规长期非法承揽包车客运业务,未落实营运车辆凌晨2时至5时停止运营或实行接驳运输的规定;未落实GPS监控管理相关规定,GPS监控设备长期处于关闭状态。

②云南省××交通运输集团公司××分公司安全生产责任制不落实,安全管理混乱。违规同意无营运资格的事故客车进站从事非法经营活动,并为其办理包车手续;未认真对事故客车进行安全检查,未发现事故客车后轮轮胎花纹严重磨损的问题;未解决安全记录单据领用、登记、保管混乱的问题。

③云南省××交通运输集团公司对××分公司违规同意无营运资格的事故客车进站从事非法经营活动、未认真履行安全检查职责的问题失察。

④云南省丘北县运管局对××交通运输集团公司××分公司和丘北县锦屏客运站安全监督检查不到位,对事故客车包车手续审核把关不严。对××交通运输集团公司××分公司及其客运站未认真履行车辆安全检查职责和违规同意相关证照、保险缺失的事故客车进站从事非法经营活动的问题失察。未认真落实云南省运管局《关于做好2014年道路春运工作的通知》(云运客管〔2013〕345号)有关要求,在春运期间,未与上海运管部门核实沪D×××××号客车车辆信息、未对驾驶人实习驾驶证进行审核、未对伪造的营运证、线路牌进行核查,直接办理了《非文山籍车辆回程包车载客备案表》《云南省道路旅客运输行车单》,准许从事道路旅客运输。

⑤云南文山州运管局对丘北县运管局开展道路运输安全监督检查不到位、对事故客车包车手续审核把关不严的问题失察。

⑥云南省丘北县××劳务派遣有限公司安全生产责任制不落实,安全管理制度严重缺

失。违法组织劳务派遣活动且未向当地人社部门备案,未与用人单位签订劳务派遣协议,未对务工人员进行安全培训。

⑦上海市浦东新区市场监督管理局违反《上海市出租汽车管理条例》(2006年修正)第九条、第十四条之规定,于2011年1月24日向不具备从事客运服务条件、未取得上海市交通部门核发许可凭证的上海市青竹连发公司办理登记手续;未认真落实《企业年度检验办法》(国家工商行政管理总局令第23号)第十三条"企业登记机关对公司的年检材料主要审查下列内容"第(三)款规定"公司改变住所是否按照规定办理变更登记"和第(五)款规定"经营范围中属于企业登记前置行政许可的经营项目的许可证件、批准文件是否被撤销、吊销、有效期届满;经营活动是否在登记的经营范围之内"以及《上海市工商行政管理局2012年度企业年检工作方案》(沪工商管〔2013〕56号)"对涉及前置许可证(审批)文件的行业企业进行重点审查""要认真核对企业前置许可(审批)文件是否齐全、有效,与《营业执照》登记事项是否一致,对未取得前置许可或许可失效的,限期提交有效许可证件或批准文件,或者责令企业变更经营范围、依法办理注销登记"的规定,未审查青竹连发公司前置许可(审批)文件,未发现×××公司没有办理住所变更登记的问题(××××汽车租赁公司注册地址为上海市浦东新区周浦镇周南村680号2幢123号,后迁至嘉定区华江支路677弄90号501室),违规办理了××××公司2012年《企业法人营业执照》年度检验,为该公司违法经营提供了条件。

⑧上海市浦东新区城市管理行政执法局开展道路交通"打非治违"专项行动不力,落实《交通运输部办公厅关于进一步开展打击"黑车"等非法从事出租汽车经营活动的通知》(厅运字〔2013〕21号)"严厉查处非法经营的'黑车'、伪造运营证照的小客车、驻点运营的异地出租车,以及摩托车、客货两用车和其他车辆等非法从事出租汽车经营的行为"的要求不到位。未将××××公司纳入日常管理,未深入企业例行检查、督促整改,对该公司非法从事道路旅客运输的行为查处不力,未能取缔该公司非法营运行为。据××××公司法人代表交代,事故车辆曾在上海市境内多次从事非法旅游客运和务工人员运输。

⑨甘肃省合作市交警大队开展路面巡逻管控工作不到位,未根据雨雪天气情况在事故发生路段及时安排凌晨2时至5时的勤务;未能发现和纠正事故大客车凌晨2时至5时违规运营的问题。

⑩甘肃省合作市政府擅自在事发道路建筑控制范围内设立非公路广告牌。

⑪甘肃省合作路政执法管理所贯彻落实《公路安全保护条例》规定不到位。

4.道路设施及安全管理的问题

(1)甘肃省合作市政府违反《公路法》第五十四条、七十九条和《公路安全保护条例》之规定,未经路政部门批准,擅自在事发道路建筑控制范围内设立非公路广告牌;未执行合作路政执法管理所2011年4月下达的整改事发路段非法广告牌的指令,致使非法广告牌长期存在,加重了事故损失程度。

(2)甘肃省合作路政执法管理所贯彻落实《公路安全保护条例》规定不到位。虽然于2011年4月责令合作市政府整改事发路段设立的12块非法非公路广告牌,并于2011年5月对其中8块广告牌进行了拆除;但对剩余4块非法广告牌(包括事故发生处的广告牌)未继续督促合作市政府进行整改,未给予经济处罚,也未及时进行拆除。

依据：《公路法》第五十四条　任何单位和个人未经县级以上地方人民政府交通主管部门批准，不得在公路用地范围内设置公路标志以外的其他标志。

第七十九条　违反本法第五十四条规定，在公路用地范围内设置公路标志以外的其他标志的，由交通主管部门责令限期拆除，可以处二万元以下的罚款；逾期不拆除的，由交通主管部门拆除，有关费用由设置者负担。

《公路安全保护条例》第九条　任何单位和个人不得破坏、损坏、非法占用或者非法利用公路、公路用地和公路附属设施。

第二十七条　进行下列涉路施工活动，建设单位应当向公路管理机构提出申请：（一）因修建铁路、机场、供电、水利、通信等建设工程需要占用、挖掘公路、公路用地或者使公路改线；（二）跨越、穿越公路修建桥梁、渡槽或者架设、埋设管道、电缆等设施；（三）在公路用地范围内架设、埋设管道、电缆等设施；（四）利用公路桥梁、公路隧道、涵洞铺设电缆等设施；（五）利用跨越公路的设施悬挂非公路标志；（六）在公路上增设或者改造平面交叉道口；（七）在公路建筑控制区内埋设管道、电缆等设施。

第二十八条　申请进行涉路施工活动的建设单位应当向公路管理机构提交下列材料：（一）符合有关技术标准、规范要求的设计和施工方案；（二）保障公路、公路附属设施质量和安全的技术评价报告；（三）处置施工险情和意外事故的应急方案。公路管理机构应当自受理申请之日起20日内作出许可或者不予许可的决定；影响交通安全的，应当征得公安机关交通管理部门的同意；涉及经营性公路的，应当征求公路经营企业的意见；不予许可的，公路管理机构应当书面通知申请人并说明理由。

第二十九条　建设单位应当按照许可的设计和施工方案进行施工作业，并落实保障公路、公路附属设施质量和安全的防护措施。涉路施工完毕，公路管理机构应当对公路、公路附属设施是否达到规定的技术标准以及施工是否符合保障公路、公路附属设施质量和安全的要求进行验收；影响交通安全的，还应当经公安机关交通管理部门验收。涉路工程设施的所有人、管理人应当加强维护和管理，确保工程设施不影响公路的完好、安全和畅通。

5. 公路相关人员和单位追责情况

合作路政执法管理所所长，主持路政执法管理所全面工作，贯彻落实《公路安全保护条例》第五十六条不到位，督促整改事发路段的非法广告牌工作不力，对事故发生负有监管执法不力的责任，依据《安全生产领域违法违纪行为政纪处分暂行规定》，给予行政警告处分。

原合作市政府常务副市长，分管交通运输工作，对市政府擅自设立非法广告牌和未按路政部门要求对非法广告牌进行清理的问题督促检查不力，对事故发生负有领导责任，依据《甘肃省行政过错责任追究办法》，对其进行诫勉谈话。

6. 公路运营安全相关建议

在公路运营安全方面，本案主要反映出相关政府机关未经路政部门批准，擅自在事发道路建筑控制范围内设立非公路广告牌，不执行路政部门整改事发路段非法广告牌的指令，致使非法广告牌长期存在等方面的问题。还反映出路政部门贯彻落实《公路安全保护条例》规定不到位，对非法广告牌未继续督促整改，未给予经济处罚，也未及时进行拆除的问题。

通过此案例的警示,建议公路管理部门等相关单位应重点做好以下三个方面的工作:

(1)路政部门应严格按照《公路法》《公路安全保护条例》等法律法规的规定,全面清理拆除辖区内公路建筑控制区的非法非公路广告牌,不得在公路建筑控制区内新建非公路广告牌。

(2)对构件陈旧、生锈影响安全的合法非公路标志牌,要通知业主限期整改。

(3)对已经责令整改的非法非公路广告牌,因为特殊原因无法进行拆除时,应持续督促整改,并给予经济处罚,要求及时进行拆除,并留存相应执法证据材料。

四、四川泸州309省道"2·1"重大道路交通事故

1. 事故基本情况

2013年2月1日16时58分,××××公司所属川E×××××号"金龙牌"大型客车(核载30人,实载30人),行驶至省道S309线K29+100(古蔺县石宝镇境内)处,在长上坡、弯道上超越一辆运载木材的大型货车时,发现川E×××××号"长安牌"轻型客车相向驶来,于是向右猛打转向盘,大型客车向右避让和长安轻型客车发生擦刮后冲出道路右侧防撞墙缺口,在缺口处土坎上停滞20秒,随后翻于山崖下扶贫煤矿厂区内,造成11人死亡、18人受伤的重大道路交通事故。事故现场情况如图4-8所示。

图4-8 四川泸州309省道"2·1"事故现场

2. 事故路段情况

事故发生地点位于古蔺县石宝镇境内省道S309线K29+100处,古蔺县城往石宝镇方向,沥青路面,道路等级四级,道路全宽7.75m,事故现场道路为连续S型弯道,事故地点左弯、上坡(坡度为9.09%),右侧临崖,左侧靠山,路面无其他障碍物及异常情况。道路右侧设有两段混凝土防撞墙,两段防撞墙之间有52m缺口为不规则土坎,高35cm至130cm不等。客车在此段缺口处冲出公路坠崖,翻坠山崖高82.5m,坡度72.3°。

S309线鱼化乡至石宝镇段公路改建工程路线全长27.38km,2009年4月开工,2010年12月主体工程完工,并于2010年12月进行交工检测,检测结果为合格。2011年6月通过交工验收。由于未到两年的竣工验收时间,目前项目还未竣工验收。

3. 事故原因分析

(1)直接原因。

川E×××××号大客车驾驶人安全意识淡漠,在行驶途中与人闲谈,精力不集中,在

行驶至长上坡、连续弯道的事发路段时,在弯道处强行超车;在超车过程中发现对向来车时,处置措施不当,向右猛打方向,导致客车与对向来车擦刮后,冲出公路右侧土坎,翻坠于山崖下。

(2)间接原因。

①古蔺县畅通公司对安全工作重视不够,未有效履行企业安全生产主体责任,未认真落实安全生产相关制度。违反驾驶人聘用制度,将有超速50%违法记录的驾驶人聘用为川E×××××号大型客车驾驶人;对聘用驾驶人的岗前安全教育培训流于形式,理论培训学习时间不够、内容不全,未组织驾驶人进行道路实际驾驶操作考核和应班线路随车实习;安全科长未取得安全资格证,无证上岗;未严格实行公司化管理,未按照"五统一"要求对驾驶人统一发放工资;未有效利用3G视频对营运车辆及驾驶人进行适时动态监管。

②古蔺县公路运输管理所未正确履行对客运企业的安全源头监管职责,执行《古蔺县公路运输管理所2013年道路运输安全隐患排查工作计划》(古运管〔2013〕5号)中"要根据交通运输部《道路运输从业人员管理规定》的要求,严格排查从业人员持证上岗情况"的规定不力,对畅通公司驾驶员违法记录的清理工作监督检查不力,对畅通公司违规聘用驾驶人驾驶川E×××××号大型客车的问题失察;督促畅通公司加强驾驶人安全教育培训和执行驾驶人管理"五统一"规定不力。

③古蔺县交通运输局对道路交通安全工作重视不够,在S309线改建工程中,仅考虑方便处理事故路段左侧山崖滑坡体土石方(2年内已滑坡4次),将该路段原设计的部分防撞墙变更为路缘和土坎,致使该路段的安全防护能力下降;未有效督促县公路运输管理所从严监督检查客运企业对驾驶人的安全教育培训工作。

④县公安局交警大队对客运车辆驾驶人管理工作重视不够,执行《古蔺县公安局交警大队2013年春运道路交通管理工作方案》中"车辆管理所对营运驾驶人违法记分情况要进行一次集中清理,在春运开始前处理完毕。对交通违法记满12分以及有酒后驾驶、超员20%以上、超速50%(高速公路超速20%)以上,或者12个月内有3次以上超速违法记录的,要督促客运企业一律予以解聘,严禁参加春运"的相关规定不力,对畅通公司客运汽车驾驶人违法记录信息排查不到位,督促畅通公司做好客运车辆驾驶人的安全管理、教育工作不到位。

⑤古蔺县人民政府对道路交通安全工作重视程度不够,未有效督促有关职能部门加强对辖区内道路交通安全的监督管理。

4. 道路设施及安全管理的问题

古蔺县交通运输局对道路交通安全工作重视不够,在S309线改建工程中,仅考虑方便处理事故路段左侧山崖滑坡体土石方(2年内已滑坡4次),将该路段原设计的部分防撞墙变更为路缘和土坎,致使该路段的安全防护能力下降。

> 依据:《农村公路建设管理办法》第二十五条　农村公路建设项目设计文件由县级以上地方交通运输主管部门依据法律、行政法规的相关规定进行审批,具体审批权限由省级交通运输主管部门确定。农村公路建设项目重大或者较大设计变更应当报原设计审批部门批准。

5. 公路相关人员和单位追责情况

S309 线改建工程项目指挥部原副指挥长兼项目办主任,作为 S309 线改建工程项目指挥部副指挥长兼项目办主任,对 S309 线改建工程的安全防护设施建设"三同时"重视不够,在施工单位、监理和业主现场代表提出的变更事实和理由不充分的情况下,仅考虑方便处理事故路段左侧山崖滑坡体土石方,同意将该路段原设计的部分防撞墙变更为路缘和土坎,致使该路段的安全防护能力下降,对此次事故负有主要领导责任。根据《事业单位工作人员处分暂行规定》(人力资源和社会保障部、监察部令第 18 号)第十七条第(九)项之规定,给予其降低岗位等级处分。

原古蔺县交通运输局党委委员、副局长,分管重点公路工程,2007 年 4 月至 2010 年 5 月兼任古蔺县星火交通开发有限责任公司总经理,S309 线改建工程项目指挥部原指挥长,在任古蔺县交通运输局副局长和 S309 线改建工程项目指挥部指挥长期间,对 S309 线改建工程的安全防护设施建设"三同时"重视不够,仅考虑方便处理事故路段左侧山崖滑坡体土石方,同意该路段原设计的部分防撞墙变更为路缘和土坎,致使该路段的安全防护能力下降,对此次事故负有主要领导责任。根据《安全生产领域违法违纪行为政纪处分暂行规定》(监察部、国家安全监管总局令第 11 号)第八条第(五)项之规定,给予其记过处分。

原古蔺县交通运输局党委书记、局长,主持县交通运输局全面工作。作为县交通运输局安全生产第一责任人,对道路交通安全工作重视程度不够,未有效督促分管领导和下属单位加强对客运企业安全生产监管及公路隐患排查治理工作,对此次事故负有重要领导责任。根据《安全生产领域违法违纪行为政纪处分暂行规定》(监察部、国家安全监管总局令第 11 号)第八条第(五)项之规定,给予其警告处分。

6. 公路运营安全相关建议

在公路运营安全方面,本案主要反映出公路管理部门在公路改建工程中,对安全防护设施建设"三同时"重视不够,致使该路段的安全防护能力下降的问题。

通过此案例的警示,建议公路管理部门等相关单位应重点做好以下两个方面的工作:

(1)切实开展安全隐患排查整治。认真排查公路安全隐患,加大安全隐患整治力度和经费投入,建立健全安全管理制度,制定危险路段安全保障措施。

(2)对公路改建工程的安全防护设施建设严格落实"三同时"制度,严格按照设计进行路段施工,确需变更设计的,需要严格按照相关的程序进行设计变更。

第四节　弯道路段典型案例解析

一、湖北鄂州 257 省道"12·2"重大道路交通事故

1. 事故基本情况

2016 年 12 月 2 日 5 时 50 分许,大雾天气,鄂 A×××××号小型普通客车行驶至鄂州市华容区庙岭镇葛湖(葛店至梁子湖)公路 K3+913 左弯道路段处,与对向车辆会车时,驾驶人打方向靠道路右侧行驶,事故车辆前行约 5、6m 后,沿弯道切线驶出路外,翻坠至路基下水塘内,造成 18 人死亡、1 人受伤的重大道路交通事故。事故现场示意图如图 4-9 所示。

图 4-9 湖北鄂州 257 省道"12·2"事故现场示意图

2. 事故路段情况

事故路段(K3+880~K4+340 段)在鄂州市华容区行政区划内,2012 年 8 月 26 日,鄂州市政府召开葛湖路曹家湖庙岭段专题会议。会议决定对事故路段(K3+880~K4+340 段)进行施工建设,加快推进。根据会议精神,签订了"四方协议",明确了有关问题,即:鄂州市交通运输局为业主单位,华容区政府为建设责任单位,葛店经济技术开发区为代建单位并对工程施工进行监管,鄂州市公路管理局负责工程验收。××路桥有限责任公司承担施工任务。葛店经济技术开发区委托武汉××监理公司对事故路段施工进行监理,并于 2013 年底补签了监理合同。

葛店经济技术开发区作为代建单位,将事故路段建设任务交由葛店经济技术开发区基础设施建设指挥部具体实施。2012 年 9 月 20 日,在未办理施工许可证和未申请质量监督的情况下,××路桥有限责任公司按葛店经济技术开发区基础设施建设指挥部要求,使用了鄂州市××设计院院长(葛湖一级公路改扩建工程施工图项目负责人)提供的施工草图,并用该施工草图指导事故路段的施工建设。该施工草图未经原设计单位(湖北省交通规划设计院)审核并盖章。截止事故发生,××路桥公司未完全执行施工草图,在事故路段临水一边没有建设安防设施,在事故路段未施划道路标线。2013 年 12 月 30 日,葛店经济技术开发区违规组织华容区政府、鄂州市公路管理局、××路桥有限责任公司、武汉××工程咨询监理公司和葛店经济技术开发区工程质量监督站,对事故路段进行交工,并验收通过。鄂州市公路管理局未按照施工协议书履行交工验收职责,也未按照交工验收程序对事故路段安排管养单位,导致事故路段一直处于无人管养状态。截至事故发生,事故路段未进行竣工验收。

事故地点在事故路段的 K3+913 处,位于鄂州市华容区庙岭镇栈咀村栈咀尖塆李细枝水塘边,事故地点处的道路为双向四车道,路宽 20.58m,路肩 0.3m,道路为弯道,弯道半径约 250m,路基东侧边坡下为水塘,呈不规则梯形,总面积 6580m²,周长 378m,平均水深 2.46m,水面低于路面 4.74m,边坡坡度为 1:1.5,往葛店方向纵坡 0.8%,沥青路面,此路段限速 60km/h。

3. 事故原因分析

(1)直接原因。

驾驶人驾驶车辆在道路行驶时,受大雾低能见度影响,在道路左弯道路段缺失必需的道路交通标线指引和参照的情况下,对路面情况、道路横向曲率判断错误,导致车辆沿道路切线方向驶出路外。

> 依据:《道路交通标志和标线第3部分 道路交通标线》(GB 5768.3—2009)第4.5.2条规定,双向四车道及以上道路除出入口、交叉口及允许路边停车的特殊路段外,所有车行道边缘上应设置车行道边缘白色实线。《公路工程技术标准》(JTG B01—2003)第9.0.4条规定,一级干线公路应配置完善的标志、标线、视线诱导标。《公路交通标志和标线设置规范》(JTG D82—2009)第8.3.1条规定,当同一行驶方向有两条或两条以上的车行道时,应设置同向车行道分界线;第8.5.1条规定,高速公路、一级公路应设置车行道边缘线。事故地点所处路段行车道与路肩之间未设置车行道分界线和车道边缘线白色实线,事故地点所处路段的标线施划情况不符合国家标准《道路交通标志和标线第3部分 道路交通标线》(GB 5768.3—2009)、交通行业标准《公路工程技术标准》(JTG B01—2003)和《公路交通标志和标线设置规范》(JTG D82—2009)的相关要求。

路侧临水高风险路段未按照国家标准、行业标准等强制性规定建设路侧安全防护栏,存在严重安全缺陷,导致驶出路外的车辆直接进入道路路基护坡,重心失去平衡后向右侧翻坠入路外水塘。

> 依据:《公路交通安全设施设计规范》(JTG D81—2006)第4.2.1条的规定,(1)车辆驶出路外有可能造成二次特大事故的路段必须设置路侧护栏。(2)凡符合下列情况之一、车辆驶出路外有可能造成单车特大事故或二次重大事故的路段必须设置路侧护栏:①……;②路侧有江、河、湖、海、沼泽、航道等水域的路段。事故地点属于路侧有江、河、湖、海、沼泽、航道等水域的路段,车辆驶出后即掉入河中,无法自行驶回公路,会产生严重事故。事故地点的情况符合《公路交通安全设施设计规范》(JTG D81—2006)第4.2.1条第(1)款和第(2)款中第②项的情形,按照规范要求,必须设置路侧护栏。事故地点所处路段未设置波形梁钢护栏,事故地点所处路段的护栏设置情况不符合《公路交通安全设施设计规范》(JTG D81—2006)的相关要求。

车辆部分固定座椅被拆除,事发时事故车辆乘坐人数严重超载,导致车辆主动安全性能、制动稳定性发生改变,车辆沿边坡翻坠入水塘后,加重了事故损害后果。

(2)间接原因。

①企业安全生产主体责任不落实。

②政府及监管部门履行安全监管责任不到位。

4. 道路设施及安全管理的问题

××路桥公司作为事故路段的施工单位,没有认真履行施工责任,违规使用未经审批的施工草图进行施工。未施划交通标线、安装临水波形护栏等安防设施,并且冒领安防设施建设费用,所建事故路段未达到一级公路技术标准,存在严重安全隐患。同时,在不达标的工程交工验收报告上签字。

武汉××监理公司作为事故路段的监理单位,没有认真履行监理职责,未安排监理人员驻点监督工程建设,对施工单位未履行施工手续、未按图施工的行为不制止、不纠正。同时,在不达标的工程交工验收报告上签字。

> 依据:《公路法》第二十六条 承担公路建设项目的设计单位、施工单位和工程监理单位,应当按照国家有关规定建立健全质量保证体系,落实岗位责任制,并依照有关法律、法规、规章以及公路工程技术标准的要求和合同约定进行设计、施工和监理,保证公路工程质量。

鄂州市公路管理局作为事故路段工程建设的验收单位,和受鄂州市交通局委托的具体承办单位,没有正确履行事故路段施工监管、质量检测、质量监督、交工验收和养护等职责。在事故路段施工建设中,未经过招投标程序,违规变更、擅自指定施工单位。在明知施工单位没有办理施工相关手续的情况下,强令鄂州市××设计院院长提供未经原设计单位审查的施工草图。在事故路段明显达不到交工验收条件的情况下,放任并同意其交工验收。在排查出事故路段存在未施划交通标线、未安装波形护栏等安全隐患的情况下,不安排道路管养单位进行隐患治理和整改。

鄂州市交通运输局作为事故路段工程建设的建设单位,也是事故路段施工协议书四方代表的甲方,没有正确履行事故路段的建设、养护和管理职责,对事故路段工程建设和验收等工作中的违法违规行为失察失管。在明知事故路段达不到交工验收条件的情况下,同意其交工验收。

> 依据:《公路法》
> 第二十条 县级以上人民政府交通主管部门应当依据职责维护公路建设秩序,加强对公路建设的监督管理。
> 第三十三条 公路建设项目和公路修复项目竣工后,应当按照国家有关规定进行验收;未经验收或者验收不合格的,不得交付使用。
> 《公路建设监督管理办法》
> 第六条 设区的市和县级人民政府交通主管部门按照有关规定负责本行政区域内公路建设项目的监督管理。

葛店经济技术开发区管委会(葛店经济技术开发区基础设施建设指挥部)作为事故路段的代理建设单位,没有正确履行公路工程建设监督管理职责,在事故路段建设中,不执行公路安防设施"三同时"规定,未经设计变更和审批,擅自剔除事故路段安防设施建设内容,造成事故路段达不到一级公路建设标准,存在重大安全隐患。同时,在事故路段安防设施缺失,明显达不到交工验收条件的情况下,违法组织工程交工验收并通过。

葛店经济技术开发区建设工程质监站作为事故路段实际的工程质量监督管理单位,按照葛店开发区基础建设指挥部的要求,超越职责范围乱作为,对事故路段进行了工程质量监督。在事故路段安防设施缺失,明显达不到交工验收条件的情况下,同意其交工验收。

鄂州市交通局工程质量监督站作为事故标段的原工程质量监督管理责任单位,未依法履职,不作为,对事故路段没有实施工程质量监督。

> 依据:《公路水运工程质量监督管理规定》
> 第四条　县级以上地方人民政府交通运输主管部门按照规定的职责负责本行政区域内的公路水运工程质量监督管理工作。
> 第二十条　交通运输主管部门及其委托的建设工程质量监督机构应当依据法律、法规和强制性标准等,科学、规范、公正地开展公路水运工程质量监督管理工作。

5. 公路相关人员和单位追责情况

(1) 移交司法机关。

湖北××路桥有限责任公司工程部副部长、事故路段项目部经理,湖北××路桥有限责任公司事故路段项目部现场施工技术负责人,武汉市××工程咨询监理公司事故路段工程监理负责人,武汉市××工程咨询监理公司事故路段工程现场监理员。4人因涉嫌工程重大安全事故罪被检察机关立案侦查。

> 依据:《刑法》第一百三十七条【工程重大安全事故罪】建设单位、设计单位、施工单位、工程监理单位违反国家规定,降低工程质量标准,造成重大安全事故的,对直接责任人员,处五年以下有期徒刑或者拘役,并处罚金;后果特别严重的,处五年以上十年以下有期徒刑,并处罚金。

原鄂州市葛店开发区勘测设计院职工、葛店开发区基础建设指挥部综合办公室成员、葛湖路一级公路庙岭段现场负责人,原鄂州市公路管理局副局长,原鄂州市葛店开发区建设工程质量监督站副站长。3人因涉嫌玩忽职守罪被检察机关立案侦查。

> 依据:《刑法》第三百九十七条【滥用职权罪;玩忽职守罪】国家机关工作人员滥用职权或者玩忽职守,致使公共财产、国家和人民利益遭受重大损失的,处三年以下有期徒刑或者拘役;情节特别严重的,处三年以上七年以下有期徒刑。本法另有规定的,依照规定。国家机关工作人员徇私舞弊,犯前款罪的,处五年以下有期徒刑或者拘役;情节特别严重的,处五年以上十年以下有期徒刑。本法另有规定的,依照规定。

(2) 党政纪处分。

××路桥公司法定代表人,未履行安全生产管理职责,对事故负有主要责任。由湖北省安监局依据《中华人民共和国安全生产法》及相关法规的规定,对其实施行政处罚。同时,责令所在企业依据有关规定给予其撤职处分;自受撤职处分之日起,终身不得担任本行业生产经营单位的主要负责人。由湖北省行政主管部门及行业协会对其持证情况依法进行行政处理。

武汉××监理公司法定代表人,未履行安全生产管理职责,对事故负有主要责任。湖北省安监局应依据《中华人民共和国安全生产法》及相关法规的规定,对其实施行政处罚。同时,责令所在企业依据有关规定给予其撤职处分;自受撤职处分之日起,终身不得担任本行业生产经营单位的主要负责人。由湖北省行政主管部门及行业协会对其持证情况依法进行行政处理。

原鄂州市委常委、常务副市长，分管市交通运输局期间，对市交通运输局不履行建设业主单位的职责情况失察；对该市交通运输管理部门履行交工验收职责不力的情况失察，导致事故路段在未划标线、未安防护设施情况下通过交工验收，对存在重大安全隐患的问题失察，负有重要领导责任。根据《湖北省行政问责办法》第八条第九项、第十二条第一款第二项的规定，给予批评教育，本人在黄石市委常委会会议上作出深刻检查。

原鄂州市副市长，分管市交通运输局期间，对事故路段安全隐患整改工作没有督办检查，对该市交通运输管理部门履行养护职责不力的问题失察，2015年6月，该市公路管理局养护科发现了标线、护栏缺失问题，但一直未予整改，致使重大安全隐患长期存在；对该市交通运输管理部门履行道路运输监管职责不力，没有发现事故车辆非法营运的问题失察，负有重要领导责任。根据《湖北省行政问责办法》第八条第九项、第十二条第一款第二项的规定，给予批评教育，本人在鄂州市人大常委会党组会议上作出深刻检查。

原葛店开发区工委书记、管委会主任，没有对事故路段工程代建管理工作进行督办检查，对葛店开发区基础设施建设指挥部有关负责人履行代建管理职责不力，施工单位未建设安防设施但通过交工验收，导致事故路段存在重大安全隐患的问题失察，负有重要领导责任。根据《湖北省行政问责办法》第八条第九项、第十二条第一款第二项的规定，给予批评教育，本人在鄂州市委常委会会议上作出深刻检查。

原葛店开发区管委会副主任兼葛店开发区基础设施建设指挥部指挥长，不正确履行事故路段工程代建管理职责。一是2012年9月，在事故路段工程未办理施工许可证和未申请质量监督的情况下，组织施工单位开工建设；二是2012年9月至2013年12月30日，在事故路段的施工、验收过程中，对代建管理具体负责人、现场负责人履行职责不力，施工单位未建设安防设施，致使事故路段存在重大安全隐患的问题失察失管；三是2013年5月至2015年2月，根据施工单位申请，在未建设安防设施的情况下，把关不严，在工程款结算材料上签写了同意支付意见，致使葛店开发区管委会向施工单位支付了安防设施工程款6万余元，负有主要领导责任。根据监察部、人力资源社会保障部《关于企业中由行政机关任命的人员参照执行〈行政机关公务员处分条例〉的通知》，参照《行政机关公务员处分条例》第二十条第四项的规定，给予记大过处分。

原鄂州市交通运输局局长，不正确履行管理职责，一是督促市交通运输局分管领导对施工监管、质量监督、公路养护等分管工作的督办检查不力；二是对该市公路管理局在事故路段工程建设中履行施工监管、质量监督、交工验收、公路养护等职责不力的问题失察；三是对市交通基本建设工程质量监督站在事故路段工程建设中未履行质量监督职责的问题失察，负有重要领导责任。根据2016年《中国共产党纪律处分条例》第一百三十三条第二款和2003年《中国共产党纪律处分条例》第一百二十七条第一款的规定，给予党内警告处分。

原鄂州市交通运输局局长，督促市交通运输局分管领导履行公路养护管理的分管职责不力；对市公路管理局履行公路养护职责不力、安全隐患整改工作不落实等问题失察；对市道路运输管理处华容运管所履行道路运输监督管理职责不力的问题失察，负有重要领导责任。根据《湖北省行政问责办法》第八条第九项、第十二条第一款第二项的规定，给予诫勉处理。

原鄂州市交通运输局总工程师、副局长,分管公路建设、养护管理、工程质监和市公路管理局、市交通基本建设工程质量监督站期间,未督促市公路管理局对事故路段工程进行施工监管,也未安排市交通基本建设工程质量监督站对事故路段工程进行质量监督,对事故路段安防设施缺失情况下通过交工验收的问题失察失管;对市公路管理局履行公路养护职责不力、安全隐患整改工作不落实的问题失察失管,负有主要领导责任。根据《行政机关公务员处分条例》第二十条第四项的规定,给予记大过处分。

原鄂州市公路管理局局长,不正确履行管理职责,在参加2012年8月26日市政府专题会议后,未对事故路段建设的监管工作进行安排,对工程科没有进行施工监管的问题失察失管;对分管公路建设管理职责的副局长不正确履职问题失察,对其参加交工验收时未发现护栏缺失、虽然提出完善标线的意见但未督促整改的问题失察,负有主要领导责任。根据《行政机关公务员处分条例》第二十条第四项的规定,给予降级处分。

原鄂州市公路管理局主持工作的副局长、局长,对养护科在2015年6月发现事故路段标线、护栏缺失的问题后未进行整改的问题失察;在2015年11月和2016年9月,两次同意将养护科起草的《关于下达2016年公路安全生命防护工程计划安排的通知》和《关于下达2017年公路安全生命防护工程计划安排的通知》只作为争取资金计划的材料上报省交通运输厅公路管理局备案,不下发,事后也未对安全隐患整改作出安排,致使事故路段安防设施缺失的问题一直未整改,负有直接责任。根据《事业单位工作人员处分暂行规定》第十七条第一款第九项的规定,给予记过处分。

原鄂州市公路管理局副局长,作为分管公路养护管理工作的副局长,对养护科在2015年6月发现事故路段标线、护栏缺失后未进行整改的问题失察;在2015年11月,提议并同意,将养护科起草的《关于下达2016年公路安全生命防护工程计划安排的通知》作为争取资金计划的材料上报省交通运输厅公路管理局备案,不下发,致使事故路段安防设施缺失的问题一直未整改,负有直接责任。根据《事业单位工作人员处分暂行规定》第十七条第一款第九项的规定,给予记过处分。

原鄂州市公路管理局总工程师,分管公路养护工作,对养护科没有整改事故路段安全隐患的问题失察;2016年9月,同意将养护科起草的《关于下达2017年公路安全生命防护工程计划安排的通知》作为争取资金计划的材料上报省交通运输厅公路管理局备案,不下发,致使事故路段安防设施缺失的问题一直未整改,负有主要领导责任。根据《事业单位工作人员处分暂行规定》第十七条第一款第九项的规定,给予警告处分。

原鄂州市公路管理局养护科副科长,作为主持养护科工作的副科长,不正确履行养护管理职责,在2015年6月养护科发现事故路段标线、护栏缺失的问题后,没有安排整改;2015年11月和2016年9月,提议并将《关于下达2016年公路安全生命防护工程计划安排的通知》和《关于下达2017年公路安全生命防护工程计划安排的通知》文件作为争取资金计划的材料报请分管副局长和局长签批同意后,上报省交通运输厅公路管理局备案,不下发,也未对安全隐患整改作出安排,致使事故路段安防设施缺失的问题一直未整改,负有直接责任。根据《事业单位工作人员处分暂行规定》第十七条第一款第九项的规定,给予记过处分,免去其职务。

原鄂州市公路管理局工程科科长,在2012年9月至2013年12月事故路段建设和交工验收期间,没有发现事故路段工程未办理施工许可证的情况,未对工程施工进行监管,没有发现事故路段安防设施缺失的问题,负有直接责任。根据监察部、人力资源社会保障部《关于企业中由行政机关任命的人员参照执行〈行政机关公务员处分条例〉的通知》,参照《行政机关公务员处分条例》第二十条第四项的规定,给予降级处分,免去其职务。

原鄂州市交通基本建设工程质量监督站站长,在事故路段建设和交工验收期间,作为鄂州市交通基本建设工程质量监督站站长,没有发现事故路段工程未申请质量监督的情况,未对工程施工进行质量监督,没有发现事故路段未建设安防设施的问题,负有重要领导责任。根据《湖北省行政问责办法》第八条第九项、第十二条第一款第二项的规定,给予批评教育,本人作出深刻检查。

6. 公路运营安全相关建议

在公路运营安全方面,本案主要反映出公路施工企业违规使用未经审批的施工草图进行施工,未施划交通标线、安装临水波形梁护栏等安防设施等方面的问题。也反映出监理公司未安排监理人员驻点监督工程建设,对施工单位未履行施工手续、未按图施工的行为不制止、不纠正等方面的问题。还反映出公路管理部门履行事故路段施工监管、质量检测、质量监督、交工验收和养护等职责不到位的问题。

通过此案例的警示,建议公路相关企业、公路管理部门等相关单位应重点做好以下四个方面的工作:

(1)公路设计、施工、监理、检测等相关企业应严格按照国家法律法规和相关标准规范的要求进行公路建设,重视护栏、标志、标线等交通安全设施的设计、施工、监理、检测和验收各环节的管理工作,防止因道路设施尤其是交通安全设施不达标发生事故。

(2)公路管理部门要规范道路技术等级管理,严格执行公路新改扩建工程安全设施"三同时"管理规定。按照规程和技术标准规范建设,依法及时组织公路建设工程交、竣工验收。

(3)要规范道路行政等级管理,进一步优化国道、省道、县(乡)道的行政等级划分程序和方法,确定等级转化的时间节点和工作节点,及时完成管养等事项交接,明确各级主管部门管辖权属关系,确保不同行政等级的公路在建设、运行等各时期有明确的部门进行监管和养护。

(4)按照公路安全生命防护工程的有关要求,对公路临水临崖、急弯陡坡、长下坡等事故多发危险路段进行集中排查整治。对排查出的隐患,逐一提出整改意见和建议,落实整改责任单位,确保隐患整改工作落实到位。

二、江西鹰潭206国道"5·15"重大道路交通事故

1. 事故基本情况

2017年5月15日17时10分许,鹰潭××物流有限公司所属的赣L×××××/赣E×××挂号重型半挂汽车由北向南行驶至206国道1569km弯道时,挂车尾部甩尾越过道路中心线,挂车车厢左后部与对向驶来的赣L×××××号公交客运车左前角至左尾部发生刮撞,之后公交车右侧又与后方同向行驶的赣L×××××号重型自卸货车车头左侧发生刮擦,造成12人死亡、37人受伤的重大道路交通事故。事故形态如图4-10所示。

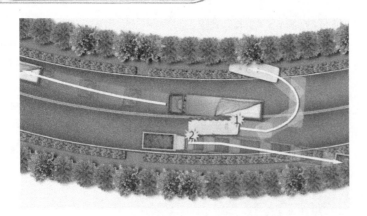

图 4-10　江西鹰潭 206 国道"5·15"重大道路交通事故形态示意图

2. 事故路段情况

事故现场位于 206 国道 1569km 处，事故道路为沥青路面，呈南北走向，双向四车道。道路中央划有黄色双实线，无物理隔离，东西两幅道路的白色车道分道线磨损不可见。每幅道路分别设有快车道、慢车道、绿化带和非机动车道。经实测，快车道和慢车道均宽 3.5m，绿化带宽 1.8m、非机动车道宽 2.3m，事故发生路段为弯道，实测弯道半径 211m。事故道路双向 2km 范围内设有交通标志 10 处，安全提示牌 5 处。该路段曾于 2007 年、2014 年分别进行升级改建和路面大中修。事故发生地点情况如图 4-11 所示。

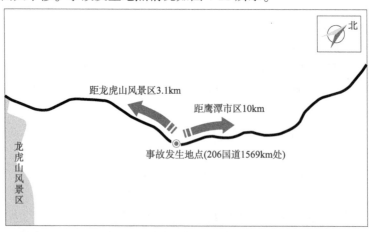

图 4-11　事故发生地点示意图

3. 事故原因分析

（1）直接原因。

赣 L×××××/赣 E××××挂号重型半挂汽车驾驶人驾驶安全性能不符合要求的超载车辆，弯道及雨天未有效控制好安全速度，行驶中车尾越过道路中心线进入对向车道，是导致事故发生的主要原因；赣 L×××××号重型自卸货车驾驶人驾驶安全性能不合格的超载车辆，弯道及雨天未有效控制好安全速度，是导致事故发生的原因之一；赣 L×××××号公交客运车驾驶人未按照驾驶操作规范安全驾驶，弯道及雨天未有效控制好安全速度，也是导致事故发生的原因之一。事故发生时，重型半挂汽车车厢右后部固定栏板的锁扣和内插式立柱在碰撞中脱落，导致车厢栏板撞入公交车车厢内，是造成人员伤亡扩大的主要原因。

(2)间接原因。

①道路运输企业安全生产主体责任不落实,疏于对所属车辆及其驾驶人员的日常管理和安全培训教育,是事故发生的主要原因之一。

②相关交通运输部门及道路运输管理机构未认真履行职责,对道路运输企业安全生产主体责任不落实的情况失察,疏于对企业的日常监督检查,是事故发生的重要原因之一。

③相关公路治超职能部门未认真履行公路治超职责,是事故发生的原因之一。

④相关公路管理部门、公路工程监理单位未认真履行职责,致使事故路段相关安全技术标准不符合公路标准规范,是事故发生的原因之一。

⑤公路设计单位未严格按照公路设计规范设计,致使事故路段存在设计缺陷,是事故发生的原因之一。

⑥公安交警部门未认真履行道路交通安全管理职责,是事故发生的原因之一。

⑦公路改建工程设计审查部门对事故路段改建工程初步设计审查把关不严,是事故发生的原因之一。

4.道路设施及安全管理的问题

(1)鹰潭市白露超限超载车辆检查站。在事故发生当日,未认真履行治超工作职责,工作人员擅自脱岗,导致赣L×××××/赣E××××挂号重型半挂汽车在途经该治超站时逃避治超管理;对已经查获的超载行为,未能坚持原则严格执法,致使赣L×××××号重型自卸货车逃避治超管理。

> 依据:《公路超限检测站管理办法》
> 第四条 公路超限检测站作为公路管理机构的派出机构,其主要职责是:
> ……
> (三)依法对在公路上行驶的车辆进行超限检测,认定、查处和纠正违法行为;
> (四)监督当事人对超限运输车辆采取卸载、分装等消除违法状态的改正措施;
> ……

(2)鹰潭市公路管理局。未认真履行市治超工作领导小组办公室职责,对鹰潭市白露超限超载车辆检查站未认真履行治超工作职责的情况失察;未能坚持工作原则,存在人情执法、招呼执法等问题。

> 依据:《公路安全保护条例》
> 第四十条 公路管理机构在监督检查中发现车辆超过公路、公路桥梁、公路隧道或者汽车渡船的限载、限高、限宽、限长标准的,应当就近引导至固定超限检测站点进行处理。
> 《公路超限检测站管理办法》
> 第四条 县级以上地方人民政府交通运输主管部门负责本行政区域内超限运输车辆行驶公路的管理工作。
> 公路管理机构具体承担超限运输车辆行驶公路的监督管理。

(3)鹰潭市公路管理局龙虎山分局。未认真落实公路养护管理主体责任。2016年12月发现事故路段路面标线不清晰的安全隐患,未及时补划事故路段车道分道线,致使事故路段车道分道线磨损不可见,不能有效引导车辆各行其道。违反公路工程质量管理相关规定,对206国道K1565+420至K1572+006段大中修工程施工组织及质量监督工作履职不到位。在2014年对事故路段大中修工程中,在属地政府配套资金没有到位的情况下,既未严格按照施工图设计组织施工,也未针对施工图设计存在的问题提出变更申请;施工质量验收检测制度执行不严,未对事故路段路基、路面横坡技术指标进行严格的验收检测,致使该路段弯道处路基、路面横坡技术指标误差超出允许偏差值;项目交工验收组织不规范,对不按施工图施工的问题失察。

(4)鹰潭市公路管理局。在2007年事故路段升级改建工程设计中,对设计单位提交的工程设计方案审核把关不严,未指出该改建工程设计方案不符合一级公路设计标准的问题,致使该改建工程存在设计缺陷,事故路段在升级改建后未设置中央分隔带;对龙虎山分局相关工作监督、指导不力,跟踪协调属地政府落实配套资金不力,在206国道K1565+420至K1572+006段大中修项目配套资金未落实的情况下,对龙虎山分局不按施工图施工,事故路段路基、路面横坡技术指标误差超出允许偏差值、公路路面安全隐患排查治理不彻底,造成安全隐患的问题失察。

> 依据:《公路法》
> 第三十五条 公路管理机构应当按照国务院交通主管部门规定的技术规范和操作规程对公路进行养护,保证公路经常处于良好的技术状态。
> 《公路建设监督管理办法》
> 第六条 ……设区的市和县级人民政府交通主管部门按照有关规定负责本行政区域内公路建设项目的监督管理。
> 第十一条 县级以上人民政府交通主管部门根据国家有关规定,按照职责权限负责组织公路建设项目的项目建议书、工程可行性研究工作、编制设计文件、经营性项目的投资人招标、竣工验收和项目后评价工作。公路建设项目的项目建议书、工程可行性研究报告、设计文件、招标文件、项目申请报告等应按照国家颁发的编制办法或有关规定编制,并符合国家规定的工作质量和深度要求。
> 第三十条 县级以上人民政府交通主管部门对公路建设资金监督管理的主要职责:
> ……
> (三)合理安排资金,及时调度、拨付和使用公路建设资金;
> ……

(5)鹰潭市××公路工程监理有限公司。未能依照法律、行政法规及有关技术标准、设计文件和公路大中修工程承包合同要求和约定,对施工单位的施工质量实施有效监督。没有按照监理合同约定向施工现场派驻经考核合格的监理员,且在10个月的工期内相继更换了3位监理员,致使现场监理队伍不稳定;监理日志填写不规范,签字存在事后补签现象,且路基、路面横坡现场检测记录存在编造现象;项目总监在位率少,总监责任制落实不到位。

> 依据:《公路法》第二十六条 公路建设必须符合公路工程技术标准。
> 承担公路建设项目的设计单位、施工单位和工程监理单位,应当按照国家有关规定建立健全质量保证体系,落实岗位责任制,并依照有关法律、法规、规章以及公路工程技术标准的要求和合同约定进行设计、施工和监理,保证公路工程质量。

(6)南昌公路科研设计所受鹰潭市公路管理局委托,在对206国道(天禄至龙虎山)一级公路改建工程设计过程中,未严格按照一级公路标准设计中央分隔带,致使该路段未按标准设置中央分隔带。

> 依据:《公路路线设计规范》(JTG D20)第6.1.1条(1)高速公路、一级公路的路基标准横断面分为整体式路基和分离式路基两类。整体式路基的标准横断面应由车道、中间带(中央分隔带、左侧路缘带)、路肩(右侧硬路肩、土路肩)等部分组成。
> 第6.3.1条高速公路、一级公路整体式路基必须设置中间带,中间带有两条左侧路缘带和中央分隔带组成。设计速度为80km/h和60km/h的高速公路、一级公路,中央分隔带宽度一般值为2.0m,最小值为1.0m。

(7)鹰潭市发改委对206国道(天禄至龙虎山)一级公路改建工程初步设计审查把关不严,未发现该项目初步设计不符合一级公路标准规范的要求,致使存在设计缺陷的项目初步设计通过审查并成为项目施工的主要依据。

5.公路相关人员和单位追责情况

鹰潭市公路管理局白露超限超载车辆检查站四中队中队长,任职期间未正确履行职责,所属四中队管理混乱,事故当日值班人员脱岗,没有按规定引导途经该治超站的赣L×××××/赣E××××挂号重型半挂车进站检查,致使该车辆超载行驶。对此负主要领导责任。依据《事业单位工作人员暂行处理规定》第十七条的规定,给予其记过处分。

鹰潭市公路管理局白露超限超载车辆检查站站长,任职期间,对治超工作监督管理不到位,对检查站工作人员擅离职守问题失察,导致途经该治超站的赣L×××××/赣E××××挂号重型半挂车未进站检查,从而发生重大道路交通事故,对此负有重要领导责任。此外,调查中还发现,事故当天根据分管领导的授意,将与事故车辆赣L×××××号重型自卸货车属同一公司的其他超载车辆查扣后不予处罚并放行,对此负有主要责任。建议将上述行为一并处理,依据《事业单位工作人员暂行处理规定》第十七条的规定,给予其记过处分。

鹰潭市公路管理局党委副书记、副局长,兼任鹰潭市货运车辆超限超载治理工作领导小组办公室副主任,分管白露超限超载车辆检查站等工作。任职期间,对治超工作监督管理不到位,对检查站工作人员擅离职守问题失察,导致途经该治超站的赣L×××××/赣E××××挂号重型半挂车未进站检查,从而发生重大道路交通事故,对此负有重要领导责任。调查中还发现,事故当天授意将与事故车辆赣L×××××号重型自卸货车属同一公司的其他超载车辆查扣后不予处罚并放行,对此负有直接责任。建议将上述行为一并处理,依据《中国共产党纪律处分条例》第二十九条和《行政机关公务员处分条例》第二十条的规定,给予其撤销党内职务、行政撤职处分。

鹰潭市公路管理局龙虎山分局副局长,分管公路养护、安全生产等工作。任职期间,对路面安全隐患排查整改不力,对事故路段路面出现的标线磨损脱落不可见未及时修复问题失察,对此负有主要领导责任。依据《事业单位工作人员暂行处理规定》第十七条的规定,给予其记过处分。

鹰潭市公路管理局龙虎山分局局长,任职期间,督促所属部门对路面安全隐患排查整改不力,对事故路段路面出现的标线磨损脱落不可见未及时修复问题失察。对此负有重要领导责任。依据《事业单位工作人员暂行处理规定》第十七条的规定,给予其警告处分。

鹰潭市公路管理局信息中心副主任,兼任鹰潭市顺达公路工程监理有限公司副经理。在担任206国道事故路段大修项目总监期间,对驻地监理管理不力,致使驻地监理没有发现施工单位未按批复设计图纸施工;对驻地监理不规范履职,验收资料管理混乱等问题失察。对此负有主要领导责任。依据《事业单位工作人员暂行处理规定》第十七条的规定,给予其警告处分。

鹰潭市交通运输局党委委员、副局长,2007年负责206国道(天禄至龙虎山段)一级公路改建升级工程期间,未正确履行职责,讨论审核设计方案时把关不严,未按一级公路的技术规范要求提出设计中央分隔带,致使事故路段存在安全隐患。对此负有重要领导责任。依据《行政机关公务员处分条例》第二十条的规定,给予其行政警告处分。

鹰潭市公路运输管理处副处长,分管货运工作。任职期间,督促指导辖区内公路运输管理机构履行监管职责不力。对此负有重要领导责任。对其进行诫勉谈话。

鹰潭市××公路工程监理有限公司。履行监理职责不到位,依据《建设工程安全生产管理条例》第五十七条的规定,由鹰潭市交通运输主管部门对其实施经济处罚。

南昌市公路勘察设计院(原南昌公路科研设计所)。未严格按一级公路设计规范标准实施对206国道改建工程的设计,对事故路段存在的设计缺陷负主要责任。依据《建设工程安全生产管理条例》第五十六条的规定,由南昌市交通运输主管部门对其实施经济处罚。

6. 公路运营安全相关建议

在公路运营安全方面,本案主要反映出公路超限超载车辆检查站未认真履行治超工作职责,工作人员擅自脱岗,未能坚持原则严格执法等方面的问题。也反映出设计单位未严格按照一级公路标准设计中央分隔带,施工单位未严格按照施工图设计组织施工,施工质量验收检测制度执行不严,未对事故路段路基、路面横坡技术指标进行严格的验收检测,致使该路段弯道处路基、路面横坡技术指标误差超出允许偏差值等方面的问题。

通过此案例的警示,建议公路相关企业、公路管理部门等相关单位应重点做好以下四个方面的工作:

(1)针对管养路段存在的安全隐患,应提出切实可行的整改措施,尽早将隐患整治到位。整治过程中,应当重点关注中央隔离设施、限速标志、警告标志等道路设施是否符合标准规范的要求,并强化路面秩序管控等措施,确保安全通行和安全施工。

(2)进一步完善风险辨识、登记、监管,提升风险管控能力。大力实施公路安全生命防护工程,加强公路、桥梁、事故多发路段等道路交通安全隐患排查治理。

(3)组织对所辖道路开展全面的隐患排查和整治,以路基、路面宽度、中央分隔带、纵坡坡度、平曲线半径、安全设施配置等为关键要素,严格对照技术标准进行全面排查整治,对不符合技术标准的路段,严格按照国家标准及"五落实五到位"的要求整改到位。

(4)对逾期整改不到位或受条件限制不能完成整改的,按公路现有通行条件重新评定公路等级并采取相应管控措施,全面提升公路通行水平和安全防护水平。

三、广东惠州广河高速"7·6"重大道路交通事故

1. 事故基本情况

2017年7月6日12时55分许,揭西分公司所属的粤V×××××号大型客车,行驶至惠州市境内广河高速公路龙门段K73+440处时,车辆失控向左偏离行驶方向与公路中央分隔带护栏发生剐撞后旋转并掉头仰翻于中央分隔带上,造成19人死亡、31人受伤的重大道路交通事故。事发现场情况图4-12所示。

图4-12 广东惠州广河高速"7·6"事故现场情况

2. 事故路段情况

广河高速公路(编号为S2)途经广州市天河区至惠州市博罗县,线路总长145km,其中惠州段全长75.34km,于2012年1月10日通车运营。事故路段位于广河高速公路惠州段往河源方向K73+422~K73+467处(惠州市龙门县境内),公路呈东西走向,双向六车道,中央分隔带宽3m,左侧路缘带宽0.75m,行车道宽3.75m,硬路肩宽3m,土路肩宽0.75m,设计速度120km/h。事故发生点段在平面上位于两个反向圆曲线间的连接处,前后圆曲线半径分别为右转1550m和左转1325.67m,分别用两个230m的缓和曲线径向连接,事故路段为0.616%缓上坡,通视距离大于500m。事故路段为沥青路面,路侧及中央分隔带设置有波形梁护栏。其中K73+430~K73+440处中央分隔带设置有防炫板,路面以下为涵洞。中央分隔带损毁、护栏立柱倒伏、护栏梁板与立柱分离,损毁长度共42.06m。根据《道路交通安全法实施条例》第七十八条的规定,高速公路上行驶的大型客车最高车速不得超过100km/h。

经交通运输部公路科学研究所司法鉴定中心鉴定,事故路段波形梁护栏施工质量和产品质量、道路平面线形和纵坡坡度、排水系统、标志标线、横向力系数及构造深度、平整度及车辙等符合国家相关标准规范的规定要求。

3. 事故原因分析

(1)直接原因。

经调查认定,驾驶人驾驶事故车辆,雨天超速行驶,在路面湿滑情况下操作不当,导致车辆失控偏离行驶方向与高速公路中央分隔带护栏发生碰撞后翻车。

(2)间接原因。

①客运企业长期变相挂靠经营、源头管理缺失、以包代管,安全生产主体责任不落实。

②交通运输部门对客运企业及营运客车的安全监管不力。

③公安机关交通管理部门未按规定对营运客车重点管控,事故路段路面管控有待加强。

④地方政府督促职能部门履职不力,对客运市场管理混乱问题失察。

4. 道路设施及安全管理的问题

广河高速公司安全生产工作存在漏洞。安全生产管理架构不合理;未对交警部门多次提出事故发生路段存在积水问题进行有效整改,也未就积水问题是否是隐患及是否应采取增加相关警示标识等措施向上级主管部门请示报告。

> 依据:《中华人民共和国安全生产法》第四条　生产经营单位必须遵守本法和其他有关安全生产的法律、法规,加强安全生产管理,建立、健全安全生产责任制和安全生产规章制度,改善安全生产条件,推进安全生产标准化建设,提高安全生产水平,确保安全生产。
>
> 《广东省安全生产条例》第二十六条　生产经营单位应当建立隐患排查、治理、登记制度,明确日常排查、岗位排查和专业排查的内容、范围和责任。生产经营单位的主要负责人、分管负责人、安全生产管理机构、安全生产管理人员和职工应当在各自职责范围内开展经常性的隐患排查;对排查出的隐患应当立即组织整改,在隐患整改前或者整改过程中无法保证安全的,应当采取应急防范措施,必要时应当停产、停业整改;对排查出的重大隐患及隐患整改情况应当向所在地县级人民政府安全生产监督管理部门和其他监管部门报告。生产经营单位的主要负责人、分管负责人和安全生产管理人员应当对隐患的治理进行定期督办。生产经营单位应当设立隐患登记台账,实时登记安全生产隐患排查治理信息。登记的信息应当准确、明晰。

5. 公路相关人员和单位追责情况

广河高速公司总经理,对安全生产工作全面负责。作为该公司安全生产第一责任人,未健全本单位安全生产管理架构,对安全生产存在的问题和隐患督促检查不到位。给予其党内警告处分。

> 依据:《中华人民共和国安全生产法》第十八条　生产经营单位的主要负责人对本单位安全生产工作负有下列职责:(一)建立、健全本单位安全生产责任制;
> ……
> (五)督促、检查本单位的安全生产工作,及时消除生产安全事故隐患;
> ……

广河高速公路有限公司安全生产工作存在漏洞。安全生产管理架构不合理。未对交警部门多次提出的事故发生路段存在积水问题进行有效整改,也未就积水问题是否是隐患是否应采取增加相关警示标识等措施向上级主管部门请示报告。由交通运输部门根据有关规定,对广河高速公路有限公司进行相应处理。

6. 公路运营安全相关建议

在公路运营安全方面,本案主要反映出高速公司运营企业安全生产管理架构不合理,未对交警部门多次提出事故发生路段存在积水问题进行有效整改,也未就积水问题是否是隐患及是否应采取增加相关警示标识等措施向上级主管部门请示报告等方面的问题。

通过此案例的警示,建议高速公路运营企业、公路管理部门等相关单位应重点做好以下两个方面的工作:

(1)针对排查出的雨天积水路段,高速公路运营企业在国家现行高速公路管养规范的基础上,可增设限速、易滑标志及减速带等交通安全设施,进一步提升道路的安全通行水平。

(2)积极推动公安部门和交通运输部门建立健全道路安全问题排查治理机制,统一道路安全问题的认定标准,落实信息通报、反馈机制,切实解决部分路段事故多发的问题,有效提升道路安全通行条件。

第五节 平直路段典型案例解析

一、湖南湘潭沪昆高速"9·25"重大道路交通事故

1. 事故基本情况

2015年9月25日9时56分许,广西柳州市××汽车运输有限责任公司所属桂B××××/赣E××××挂号重型半挂列车(事发时空载),行驶至沪昆高速潭邵高速公路湘潭雨湖区K1075+423路段时,车辆突然从行车道向左冲向中央隔离护栏,与同向快速车道行驶的湘B×××××号轻型厢式货车发生碰撞后,同时冲过中央隔离护栏,又与对向行驶的湘E×××××号大型普通客车和湘E×××××号小型轿车先后相撞,半挂列车和大客车起火燃烧,造成21人死亡,11人受伤的重大道路交通事故。事发现场情况如图4-13所示。

图4-13 湖南湘潭沪昆高速"9·25"事故现场情况

2. 事故路段情况

事故发生在G60沪昆高速公路湘潭段(K1075+423~K1075+478范围内),道路为双向四车道,东西走向,分别设有硬路肩、快速车道、行车道、应急车道,其中水泥硬路肩宽70cm,水泥硬路肩左边缘到中央护栏波形板草皮宽48cm,行车道和快速车道宽均为3.75m。道路采用中央绿化带隔离,绿化带两边均有波形梁护栏防护。路面坡度东往西下坡纵坡1.4°,

横坡0.8°。微弯,转弯半径7000m。水泥路面,路表干燥,路面摩擦因数0.8。大车限速60~100km/h,小车限速60~120km/h。此次事故涵盖东西双向路面,造成东往西中央隔离带波形护栏受损长度30m,西往东中央隔离带波形护栏受损长度32m。事发时该路面车辆通行正常,路面平整无异物。

3. 事故原因分析

(1)直接原因。

驾驶人驾驶存在重大安全隐患(非法生产、非法改装的挂车,牵引车与挂车不匹配、车辆操纵性下降,车辆制动性能不合格)的桂B××××/赣E××××挂号重型半挂列车,以70km/h左右的车速在主车道行驶至事发路段时,未按照操作规范安全驾驶,车辆突然向左偏离驶入超车道,其车辆左侧中后部与后方同向正在超车的湘B××××号轻型厢式货车发生刮擦、挤压、碰撞;驾驶人没有采取有效控制措施,车辆冲破中央分隔带护栏,侵占对向车道路面,与对向正常行驶的湘E××××号大型普通客车、湘E××××号小型轿车发生碰撞;碰撞导致桂B××××/赣E××××挂号半挂列车、湘E××××号大型普通客车油箱变形、破裂,柴油大量泄漏,引发两车起火燃烧,造成21人死亡、11人受伤的重大道路交通事故。

(2)间接原因。

①运输企业安全生产主体责任不落实。

②广西壮族自治区有关部门打击非法改装车辆不力。

③桂B××××/赣E××××挂号重型半挂列车相关车辆管理职能部门履行职责不到位。

④湖南省高速公路交通警察局湘潭支队对事发高速公路交通安全监管不到位。

⑤湖南省高速公路管理局湘潭管理处对高速公路交通安全管理不到位。

4. 道路设施及安全管理的问题

(1)湖南省高速公路管理局湘潭管理处督促指导收费员劝返超限车辆工作不到位。事发当日当班收费员对超限的桂B××××/赣E××××挂号重型半挂列车未及时发现并劝返。

(2)湖南省高速公路管理局湘潭管理处落实治理超限工作不到位。对所辖昭山路政中队未落实治理超限工作、及时查处超限车辆的督促检查和工作指导不到位。

> 依据:《公路安全保护条例》第四十条 公路管理机构在监督检查中发现车辆超过公路、公路桥梁、公路隧道或者汽车渡船的限载、限高、限宽、限长标准的,应当就近引导至固定超限检测站点进行处理。
>
> 《路政管理规定》第五条 县级以上地方人民政府交通主管部门或者其设置的公路管理机构的路政管理职责如下:
>
> (一)宣传、贯彻执行公路管理的法律、法规和规章;
>
> (二)保护路产;
>
> (三)实施路政巡查;
>
> ……

5.公路相关人员和单位追责情况

湖南省高速公路管理局湘潭管理处湘潭北收费站收费员。"9·25"事故当天,其作为经办收费员,肇事车辆桂B×××××/赣E××××挂号重型半挂列车从收费站进入高速公路,没有发现肇事车辆超限并进行劝阻。对此负有直接责任。由省高速公路管理局根据相关规定作出处理。

湖南省高速公路管理局湘潭管理处湘潭北收费站站长。肇事车辆桂B×××××/赣E××××挂号重型半挂列车从湘潭北收费站进入高速公路,收费站没有发现肇事车辆超限并进行劝阻。其作为收费站站长,对此负有领导责任。由省高速公路管理局根据相关规定作出处理。

湖南省高速公路管理局湘潭管理处路政大队昭山中队副中队长。昭山中队没有安排巡查的路政队员检查超限车辆,且辖区路段发生了违规超限车辆引发的重大道路交通事故。其作为当天路政中队的值班领导,对此负有直接责任。给予其行政记过处分。

湖南省高速公路管理局湘潭管理处路政大队昭山中队中队长。昭山中队没有安排巡查的路政队员检查超限车辆,且辖区路段发生了违规超限行驶车辆引发的重大道路交通事故,对此负有主要领导责任。给予其行政记过处分。

原湖南省高速公路管理局湘潭管理处副处长兼路政大队大队长。对辖区路段超限运输安全工作督导检查不力,对超限车辆治理不力,辖区内发生了违规超限行驶车辆引发的重大道路交通事故。其作为分管路政、安全生产的领导,对此负有重要领导责任。给予其行政警告处分。

6.公路运营安全相关建议

在公路运营安全方面,本案主要反映出高速公路运营企业收费站劝返超限车辆工作不到位,未落实治理超限工作,及时查处超限车辆的督促检查和工作指导不到位等方面的问题。

通过此案例的警示,建议公路相关企业、公路管理部门等相关单位应重点做好以下三个方面的工作:

(1)高速公路管理部门应联合公安部门加强高速公路治超管理,并完善收费站对超限车辆劝返的管理制度。

(2)高速公路管理部门应加强高速公路安全防护设施的安全隐患排查治理。进一步健全和完善安全隐患排查制度,明确相关部门安全隐患排查职责;加强对事故易发路段和桥梁隧道等重点路段的安全隐患排查治理,完善道路交通安全隐患清单。

(3)对部分已达到使用年限的公路护栏,应及时进行护栏防护性能的评估,经评估无法满足建设期标准的护栏应及时进行更换,符合建设期标准的护栏应加强对护栏板、立柱、螺栓、防阻块等关键结构件的养护,并根据道路风险评估的情况,按照"轻重缓急"的原则分阶段更新为现行标准下的公路护栏。

二、内蒙古呼伦贝尔绥满高速"9·24"重大道路交通事故

1.事故基本情况

2016年9月24日19时58分许,呼伦贝尔市鄂温克旗巴彦托海镇顺风运输车队所属的

蒙 E×××××/黑 B×××× 挂号重型半挂车,行驶至 G10 绥满高速公路 K1048+900 处时,碰撞行车道内一匹枣红色的马匹后,车辆失控,冲撞中央分隔带驶入对向车道,与蒙 D×××××号卧铺大客车(核载 36 人、事发时实载 39 人)相撞,造成 12 人死亡,28 人受伤的重大道路交通事故。事发现场情况如图 4-14 所示。

图 4-14 内蒙古呼伦贝尔绥满高速"9·24"事故现场情况

2. 事故路段情况

G10 绥满高速公路博克图至牙克石段全长 134.195km,双向四车道,全封闭,全立交,分离式路基宽度 13m,整体式路基宽度 26m,设计速度 100km/h。该路属自治区交通运输厅统贷统还高等级公路。2008 年 7 月 17 日由交通运输部批复初步设计,2008 年 8 月 10 日开工建设,2012 年 11 月 18 日至 20 日自治区交通运输厅组织有关单位对该路进行了交工验收,2012 年 11 月 21 日由内蒙古东部区高等级公路管理处管理养护,收费及路政设施移交至内蒙古自治区公路路政执法监察总队。至今尚未进行竣工验收。

事发路段位于 G10 绥满高速公路 K1048+900 处(呼伦贝尔市牙克石市境内博克图至牙克石段),东西走向,两条行车道宽均为 4m,道路平直,夜间无路灯照明。

G10 绥满高速公路 K1045+600 处北侧隔离栅有一处宽 3.2m 的缺口,缺口处铁丝网断面呈陈旧性破损,缺口内外地面均分布着新鲜的马粪和马蹄印,高速公路路面也有少量新鲜马粪。

3. 事故原因分析

(1)直接原因。

事发路段 K1045+600 处(距离现场 3.3km)北侧隔离栅有一处宽 3.2m 的缺口,事发前,十几匹马进入高速公路,沿海拉尔方向行走,造成重大道路交通安全隐患。

蒙 E×××××/黑 B×××× 挂号重型半挂车驾驶人在碰撞行车道内的一匹枣红色的马匹时,因采取措施不当,导致车辆失控,冲撞中央分隔带驶入对向车道,与对向蒙 D×××××号卧铺大客车相撞。

蒙 D×××××号卧铺大客车驾驶人违规站外揽客,并在行驶途中多次违规违章停车载客,超员运输,进一步加重了事故伤亡后果。

(2)间接原因。

①蒙 E×××××/黑 B×××× 挂号重型半挂车的《道路运输证》未在规定期限内进

行年审,事发时为违规营运。

②鄂温克旗巴彦托海镇××运输车队安全生产主体责任没能落实,车队实际所有人疏于对货运相关业务的安全管理,车队无完善的安全管理制度及必备的安全管理机构和人员,未能履行日常对所属车辆及驾驶人进行安全技术检验和开展交通安全教育培训的职责,没有开展安全隐患排查治理工作,对本车队涉事车辆及驾驶人违规营运行为未能采取有效的督促整改措施。

③赤峰市××运输有限责任公司安全生产主体责任没能落实,公司法定代表人未组织本单位建立健全安全生产责任制,没能保证安全生产投入的有效实施。公司安全管理制度不健全不落实,安全管理人员未严格履行日常管理责任,安全生产教育培训走过场,驾驶员安全意识淡薄。对其××分公司的安全生产未能统一协调、管理。没有开展安全隐患排查治理工作,对为其提供对涉事客运车辆和驾驶员进行动态监控和管理服务的赤峰慧视发商贸有限公司存在 GPS 定位系统监控平台运行监管不规范的安全隐患,以及松山分公司以包代管的问题未能采取有效的督促整改措施。

④赤峰×××商贸有限公司安全生产主体责任没能落实,公司对 GPS 定位系统监控平台运行监管不规范,没能对涉事客车和驾驶员运行过程进行实时监控和管理,对涉事客车站外揽客、高速公路停车载客等违法违规行为没能及时发现和提醒。

⑤相关道路养护部门安全生产管理责任没能落实。

⑥相关道路运输管理部门安全生产监管责任没能落实。

⑦牙克石市交警大队未严格落实交通安全监督管理职责。

4. 道路设施及安全管理的问题

(1)内蒙古自治区东部区高等级公路管理处作为东部区高等级公路养护管理工作主要监管部门,未认真履行对接养单位养护管理工作监督检查的职责,组织定期和不定期巡视检查注重形式,无具体检查记录,无完善有效的隐患排查整改机制。

(2)呼伦贝尔市公路管理局作为呼伦贝尔市辖区内高等级公路主要接养单位,安全生产主体责任没能落实。日常安全生产管理工作薄弱,没有严格履行对呼伦贝尔市高速公路养护管理处安全生产工作的管理职责,对事发路段存在的安全隐患排查治理未能及时进行督促落实。

> 依据:《安全生产法》
> 第九条 县级以上地方各级人民政府有关部门依照本法和其他有关法律、法规的规定,在各自的职责范围内对有关行业、领域的安全生产工作实施监督管理。
> 第三十八条 生产经营单位应当建立健全生产安全事故隐患排查治理制度,采取技术、管理措施,及时发现并消除事故隐患。事故隐患排查治理情况应当如实记录,并向从业人员通报。

(3)呼伦贝尔市高速公路养护管理处未能认真履行公路养护管理职责。未严格按照《呼伦贝尔市公路小修保养承包合同》和《内蒙古自治区东部区高等级公路养护管理办法(试行)》的要求,及时发现并修复事发路段多处损坏的隔离栅,未能及时消除道路安全隐患。该管理处及其各养护道班未严格落实巡查制度,未按规定落实日常隐患排查工作。

> 依据:《公路法》第三十五条　公路管理机构应当按照国务院交通主管部门规定的技术规范和操作规程对公路进行养护,保证公路经常处于良好的技术状态。
>
> 《公路安全保护条例》第四十七条　公路管理机构、公路经营企业应当按照国务院交通运输主管部门的规定对公路进行巡查,并制作巡查记录。
>
> 《公路养护技术规范》(JTG H10—2009)第9.1.2条　交通工程及沿线设施应遵循"保障安全、提供服务、利于管理"的原则,保持完整,齐全和良好的工作状态。
>
> 第9.1.3条　各种设施应加强养护,及时维修和更换损坏部件。设施不全或设施设置不合理的,应根据公路性质、技术等级和使用要求,有计划、有步骤地补充和完善。

(4)呼伦贝尔路政执法监察支队第四大队未能认真履行公路巡查职责。在9月19日至24日一周巡查时,未发现事发路段1045km处附近有隔离栅破损开口情况,且事发当日值班中队以执勤车出故障为由,未上路进行日常巡查工作。

> 依据:《路政管理规定》中华人民共和国交通部令(2003年第2号)第五条　县级以上地方人民政府交通主管部门或者其设置的公路管理机构的路政管理职责如下:
> 　　(一)宣传、贯彻执行公路管理的法律、法规和规章;
> 　　(二)保护路产;
> 　　(三)实施路政巡查;
> 　　……

5. 公路相关人员和单位追责情况

(1)移交司法机关。

呼伦贝尔路政执法监察支队第四大队中队长,负责上路巡查、维护路产路权工作,未能认真履行法定安全生产职责,事发当周值班巡查没能发现事发路段隔离栅破损开口,且事发当日以执勤车出故障为由,没能上路进行日常巡查工作,对事故的发生负有主要责任,移交司法机关追究刑事责任。

呼伦贝尔路政执法监察支队第四大队路政员,负责路政巡护、巡查工作,未能认真履行法定安全生产职责,事发当周值班巡查没能发现事发路段隔离栅破损开口,且事发当日以执勤车出故障为由,没能上路进行日常巡查工作,对事故的发生负有主要责任,移交司法机关追究刑事责任。

> 依据:《刑法》第一百三十四条　【重大责任事故罪】在生产、作业中违反有关安全管理的规定,因而发生重大伤亡事故或者造成其他严重后果的,处三年以下有期徒刑或者拘役;情节特别恶劣的,处三年以上七年以下有期徒刑。强令他人违章冒险作业,因而发生重大伤亡事故或者造成其他严重后果的,处五年以下有期徒刑或者拘役;情节特别恶劣的,处五年以上有期徒刑。

(2)党政纪处分。

自治区东部区高等级公路管理处处长,全面负责管理处工作,未能认真履行法定安全生产职责,对分管涉事路段养护管理工作监督考核的班子成员和涉事路段委托接养单位的安全生产职责没能严格落实的问题失察,对事故的发生负有领导责任,给予行政警告处分。

自治区东部区高等级公路管理处副处长,负责对涉事路段接养单位养护管理工作的检查考核,未能认真履行法定安全生产职责,对涉事路段接养单位日常安全生产管理工作薄弱、安全生产主体责任不落实和安全隐患排查整改机制不健全等问题,没能采取有效的督促整改措施,对事故的发生负有重要领导责任,给予行政记过处分。

呼伦贝尔市公路管理局局长,全面负责呼伦贝尔市公路管理局工作,未能认真履行法定安全生产职责,对分管涉事路段养护管理工作的班子成员和相关科室没能认真履行监管职责,以及对呼伦贝尔市高速公路养护管理处没能严格落实安全生产主体责任的问题失察,对事故的发生负有重要领导责任,给予行政记过处分。

呼伦贝尔市公路管理局副局长,分管全市公路养护管理工作和全市干线小修保养及大中修工程管理工作,未能认真履行法定安全生产职责,对涉事路段具体养护单位呼伦贝尔市高速公路养护管理处安全生产主体责任不落实的问题失察,对事故的发生负有重要领导责任,给予行政记大过处分。

呼伦贝尔市公路管理局养护科科长,负责全市干线公路小修保养及日常养护管理工作,未能认真履行法定安全生产职责,对涉事路段具体养护单位呼伦贝尔市高速公路养护管理处小修保养及日常养护管理工作存在的问题,没能采取有效的督促整改措施,对事故的发生负有重要管理责任,给予行政记大过处分。

呼伦贝尔市高速公路养护管理处主任,全面负责养护管理处工作,未能认真履行法定安全生产职责,对涉事路段破损的隔离栅未严格按照养护管理规定及时修复,导致该路段安全设施长期存在重大安全隐患,对事故的发生负有主要管理责任,给予行政撤职处分。

呼伦贝尔市高速公路养护管理处(原呼伦贝尔顺达高速公路养护服务中心)养路股股长,负责安排公路日常养护、指导道班日常巡查工作,未能认真履行法定安全生产职责,对涉事路段没能采取分段分组等有效方法指导道班日常巡查工作,事发前周巡查和日常巡查没能发现事发路段隔离栅破损开口,对事故的发生负有主要管理责任,给予行政撤职处分。

呼伦贝尔路政执法监察支队第四大队副大队长,分管路政巡查工作,未能认真履行法定安全生产职责,事发当周巡查没能发现事发路段隔离栅破损开口,在事发当日其直接领导的一中队以执勤车出故障为由,没能上路进行日常巡查工作,对事故的发生负有主要管理责任,给予行政撤职处分。

> 依据:《中国共产党纪律处分条例》第三十八条第一款 违纪行为有关责任人员的区分:(一)直接责任者,是指在其职责范围内,不履行或者不正确履行自己的职责,对造成的损失或者后果起决定性作用的党员或者党员领导干部。(二)主要领导责任者,是指在其职责范围内,对直接主管的工作不履行或者不正确履行职责,对造成的损失或者后果负直接领导责任的党员领导干部。(三)重要领导责任者,是指在其职责范围内,对应管的工作或者参与决定的工作不履行或者不正确履行职责,对造成的损失或者后果负次要领导责任的党员领导干部。
> 《行政机关公务员处分条例》第二十条 有下列行为之一的,给予记过、记大过处分;

情节较重的,给予降级或者撤职处分;情节严重的,给予开除处分:(一)不依法履行职责,致使可以避免的爆炸、火灾、传染病传播流行、严重环境污染、严重人员伤亡等重大事故或者群体性事件发生的。

《事业单位工作人员处分暂行规定》第十七条 有下列行为之一的,给予警告或者记过处分;情节严重的,给予降低岗位等级或者撤职处分;情节严重的,给予开除处分;(二)破坏正常工作秩序,给国家或者公共利益造成损失的;(三)违章指挥、违规操作,致使人民生命财产遭受损失的。

6. 公路运营安全相关建议

在公路运营安全方面,本案主要反映出高速公路运营单位未及时发现并修复事发路段多处损坏的隔离栅,未能及时消除道路安全隐患,未严格落实巡查制度,未按规定落实日常隐患排查工作等方面的问题。也反映出路政执法部门未能认真履行公路巡查职责,未发现事发路段有隔离栅破损开口情况,且事发当日未上路进行日常巡查工作等方面的问题。还反映出高速公路监管部门未认真履行对接养单位养护管理工作监督检查的职责,组织定期和不定期巡视检查无具体检查记录,无完善有效的隐患排查整改机制等方面的问题。

通过此案例的警示,建议公路相关企业、公路管理部门等相关单位应重点做好以下四个方面的工作:

(1)全面排查整治高速公路安全防护设施安全隐患,针对事故暴露出的高速公路安全防护设施存在的重大安全隐患和问题,对高速公路隔离栅破损、道路警示标识不规范等安全隐患和问题,安排专项资金,进行集中修缮整改,确保路段公路安全防护设施完好齐全和警示标识规范设置。

(2)切实按照规定的频次组织开展联合排查治理道路危险路段和安全隐患行动,及时发现监管漏洞、及时排查整治隐患。交通运输管理部门与公安交管部门建立损坏路产逃逸案件联系制度,加强信息互通、资源共享,形成齐抓共管的工作格局,严厉打击破坏道路设施的违法犯罪行为。

(3)进一步加大道路巡查养护力度。进一步完善公路巡查养护制度,真正把道路巡查养护的责任和各项制度、要求和措施落实到位。要进一步细化路政巡查内容,改进工作方式,将以车辆巡查为主改为车辆巡查与徒步巡查相结合的方式,加大路巡路查工作力度,做实做细日常巡查工作。完善巡查记录台账,准确掌握公路路况及沿线设施情况,及时修复破损的道路设施,确保道路安全防护设施完好齐全。

(4)针对行驶距离长、路况复杂的高速公路,进一步组织力量排查摸底、统筹规划,积极筹措资金,尽快安装高速公路视频监控系统,以弥补巡查力量不足的问题,做到高速公路全天候实时监控。充分利用公安交管、交通运输等部门道路交通安全工作联席会议等协调工作机制,形成工作联动、数据共享、联合执法的道路交通安全工作合力。

三、新疆昌吉125县道"6·18"重大道路交通事故

1. 事故基本情况

2013年6月18日17时10分许,新疆×××国际旅客运输有限责任公司新A×××××

号大型普通客车,行驶至昌吉市庙尔沟乡 X125 线 K13+620 处(该路正在建设尚未竣工验收),向右转弯后车辆沿路基左侧按逆时针方向侧翻,车辆翻转180°后右侧着地滑移,并与路基下岩石碰撞,最后车辆翻入距路面垂直高度为32m,倾斜距离为43.3m的路基下,造成15人死亡、21人受伤的重大道路交通事故。事发现场情况如图4-15所示。

图4-15 新疆昌吉125县道"6·18"事故现场情况

2. 事故路段情况

昌吉市 X125 线—板房沟村—庙尔沟乡政府—庙尔沟达坂—索尔巴斯陶公路改建工程项目,为昌吉州跨越式发展第三批重要农村公路项目,道路全长25.96km,总投资为4194.15万元,公路等级为:山岭重丘区三、四级。公路主线起点位于 X125 线 K26+485.6 处,途经庙尔沟乡政府、庙尔沟乡土圈村、庙尔沟达坂,终点为索尔巴斯陶景区。主线 K0+000~K10+660 段设计速度为:40km/h,路基宽8.5m,路面宽7.0m;主线 K10+600~K25+758.06m 段设计速度为:20km/h,路基宽6.5m,路面宽6.0m;主线 K13+500~K13+680 段平均纵坡度为:9.6%,转弯半径20m;支线1为索尔巴斯陶景区露营处,路面宽4.5m,3.5m的砂砾石路面。

事故现场位于 X125 线 K13+000 处,昌吉市庙尔沟乡至索尔巴斯陶景区路段,属山区四级道路。该路段路宽6.0m,呈"S"型弯道,沥青路面,路面湿滑,部分路段堆积有建筑物料。路肩松软无任何防护设施,无交通标志、标线、交通信号灯等交通指示信号,视线良好。事故发生后,经过公安部交管局实地测定:事故发生路段为弯道,转弯半径为20.35m,纵向坡度9.2%,垂直落差32m,事故发生路面海拔为2020m。

3. 事故原因分析

(1)直接原因。

新A×××××号大型普通客车驾驶人在山区陡坡转弯路段超速行驶,因操作不当,导致车辆翻入山沟。

(2)间接原因。

①×××公司安全生产管理不到位,制度落实不严,对挂靠车辆监管不力;对驾驶员安全教育不到位,驾驶员安全意识薄弱;对车辆 GPS 系统安全管理和监控存在缺陷,肇事车辆当天 GPS 系统运行不正常未进行管理。

②××分社在注销期间非法违规经营相关旅游业务;组织管理不负责任,安全意识淡薄,对旅游车辆禁止通行线路和存在的重大安全隐患失察,疏于对车辆、旅客活动过程的安全管理。

③×××旅行社注销分社后,未按要求收回相关旅游合同及公章,默许无资质的昌吉分社在注销期间非法经营相关旅游业务。安全生产管理、检查流于形式,责任制不明确,对分社监管不力。

④昌吉××××公司活动组织管理工作存在漏洞,未制定详细的活动方案,对选择的旅游线路禁止通行且存在的重大安全隐患失察,对行车安全监督管理不到位,忽视对员工乘车安全的管理和教育。

⑤新疆××股份有限公司对监理部门和道路交通管理部门提出的整改措施落实不到位。

⑥新疆××工程监理有限责任公司施工现场监理工作人员安全监理存在漏洞。

⑦昌吉州交通运输行政主管部门对施工单位和监理单位督促检查不力。

⑧昌吉市旅游局开展"打非治违"专项行动工作不力,对昌吉分社在注销期间非法经营行为失察。

4.道路设施及安全管理的问题

(1)新疆××股份有限公司没有对禁止通行车辆在该施工路段通行进行严格管控;施工现场安全管理不到位,警告标志数量不足;对监理部门和道路交通管理部门提出的整改措施落实不到位。

> 依据:《公路法》第三十二条 改建公路时,施工单位应当在施工路段两端设置明显的施工标志、安全标志。需要车辆绕行的,应当在绕行路口设置标志;不能绕行的,必须修建临时道路,保证车辆和行人通行。

(2)新疆××工程监理有限责任公司施工现场监理工作人员安全监理存在漏洞,对禁止通行车辆在该路段通行、施工地点警告标志不全、施工方疏于路面管控等安全隐患整改措施督促落实、检查不到位。

> 依据:《公路法》第二十六条 公路建设必须符合公路工程技术标准。承担公路建设项目的设计单位、施工单位和工程监理单位,应当按照国家有关规定建立健全质量保证体系,落实岗位责任制,并依照有关法律、法规、规章以及公路工程技术标准的要求和合同约定进行设计、施工和监理,保证公路工程质量。
>
> 《建设工程质量管理条例》(2000)第三十六条 工程监理单位应当依照法律、法规以及有关技术标准、设计文件和建设工程承包合同,代表建设单位对施工质量实施监理。

(3)昌吉州交通运输行政主管部门未对在建公路实施有效管理,对禁止通行车辆在施工路段上行驶监管不到位;对施工单位和监理单位督促检查不力。

> 依据:《公路法》第二十条 县级以上人民政府交通主管部门应当依据职责维护公路建设秩序,加强对公路建设的监督管理。

5.公路相关人员和单位追责情况

昌吉州交通运输局局长、党组副书记,给予行政警告处分。

昌吉州交通运输局总工程师、党组成员,给予行政记过处分。

昌吉州交通运输局公路科科长,给予行政记过处分。

新疆××股份有限公司总经理,给予罚款5.63万元。

新疆××股份有限公司项目经理,给予罚款3.49万元。

新疆××工程监理有限责任公司副总经理,分管安全生产工作,给予罚款6.62万元。

新疆××工程监理有限责任公司X125线项目监理组主要负责人,给予罚款3.96万元。

新疆××股份有限公司,给予罚款50万元。

新疆××工程监理有限责任公司,给予罚款50万元。

6. 公路运营安全相关建议

在公路运营安全方面,本案主要反映出公路施工企业车辆通行管控缺失,施工现场安全管理不到位,施工地点警告标志不全等方面的问题。也反映出公路监理企业安全监理存在漏洞,对施工企业安全隐患整改措施督促落实、检查不到位等方面的问题。还反映出公路管理部门未对在建公路实施有效管理,对施工单位和监理单位督促检查不力等方面的问题。

通过此案例的警示,建议公路相关企业、公路管理部门等相关单位应重点做好以下四个方面的工作:

(1)公路管理部门应进一步强化公路施工现场安全监督管理工作,加大日常巡查力度,加强对施工企业及监理单位的监管。特别是要加强对禁止通行车辆在施工路段上或未交工验收项目路段上通行的安全管理,在施工项目路段的起终点、人口密集区、主要路口处、施工点设立限速和禁止大型客货车通行的警告标志牌。

(2)要进一步加大对农村公路、景区山区等道路安全防护设施的投入力度。对急弯、陡坡、深沟、临河临崖等危险路段设置必要的安全护栏、警示标牌、夜间安全警示灯等安全设施设备,加强维护和管理,确保车辆安全运行。

(3)针对道路交通事故发生的特点和规律,全面深入开展道路安全隐患排查治理工作,以高速公路、景区线路为重点,认真查找薄弱环节和隐患。对急弯陡坡、临水临崖等易发生坠车事故路段,要加大安全警示、防护设施等的投入力度。

(4)加大对重点危险路段的管控力度,要把自行开发的旅游景点线路也纳入管理范围,对在建施工路段要坚决禁止车辆通行,全封闭进行施工。对于不能够全封闭施工的路段,要采取严格的管控措施,安排专人管理,加强警示引导,限速通行。

第六节 下坡路段典型案例解析

一、湖南湘潭108县道"9·22"重大道路交通事故

1. 事故基本情况

2019年9月22日8时42分许,湘A×××××号自卸低速货车行驶至县道X018线花石镇日华村下坡路段时(坡长377.83m,坡度6.8%,坡底是日华村马路市场,当天赶集),因车辆严重超载,在下坡过程中动能巨大,驾驶人为减速连续踩踏制动踏板,使储气筒内高压空气从已龟裂破损的前轮制动软管和左后轮制动泵皮碗破损处泄漏,制动效能逐渐下降,导

致制动失效、失控碰撞、碾压正在赶集的群众。造成 10 人死亡、16 人受伤的重大道路交通事故。事故现场概貌和现场勘查复制图如图 4-16 所示。

图 4-16　事故现场概貌和现场勘查复制图

2. 事故路段情况

经查阅相关历史档案资料并委托湖南省××规划勘察设计院有限公司检测评估认定，事故现场位于 X018 线湘潭县花石镇日华村下坡路段底部，事故路段为县级双向 2 车道，技术等级为四级公路，路面宽度 6m，南北走向，事故中心现场路段为直道，道路两侧有水沟，宽度 75cm，现场路面无制动印痕，肇事车行驶方向为下坡路段，坡长 377.83m，坡度 6.8%。

路面平整度、构造深度、横向力系数、路面破损均符合《公路水泥混凝土路面养护技术规范》(JTJ 073.1—2001)的要求。线形指标平曲线半径、最大纵坡度、最小坡长、不同纵坡最大坡长、凸形竖曲线最小半径、凹形竖曲线最小半径、竖曲线长度均符合《公路路线设计规范》(JTG D20—2006)的要求。设置的村庄标志、平交路口标志、"依法打击占道出店经营行为"的告示标志符合《道路交通标志和标线》(GB 5768—1999)的有关规定。设置连续弯路警告标志不违反《道路交通标志和标线》(GB 5768—1999)的有关规定。未设置急弯路标志、陡坡标志不违反《道路交通标志和标线》(GB 5768—1999)的有关规定。未设置车行道边缘线、车行道分界线，不违反《道路交通标志和标线》(GB 5768—2009)的有关规定。

3. 事故原因分析

(1) 直接原因。

经深入调查和综合分析认定，事故直接原因是驾驶人驾驶严重超载且安全技术状况不符合标准的机动车上道路行驶，车辆制动系统失效造成的。驾驶人临危操作不当、措施不力，加之事发当日公路上赶集人员众多，扩大了事故损害后果。

(2) 间接原因。

①企业安全生产主体责任落实不到位。

②有关地方党委政府及部门安全监管不到位。

4. 道路设施及安全管理的问题

(1) 湘潭县交通运输局未按规定申报设置超限超载流动检测点，未牵头建立联合执法的长效机制。经查，该县报批设置了 2 家固定超限检测站(吴家港超限检测站在 107 线路

K1777+100处,河口卸货场在湘潭县河口镇河口村S216线),花石观测点的公路货车日交通流量调查数据为300台次。该局未结合本地区道路货运流量流向、路网结构、车辆超限超载特征、公路交警执法站设置等情况,在固定检测站之外,研究申报设置流动超限检测点。

经查,湘潭县汽车保有量120097台、八类重点车辆7535台、低速载货车308台,吴家港超限检测站2019年1月至9月公路货车日交通流量调查平均数据为2977台次;2019年1月至9月全县查处超限超载车辆仅20台,路政罚款258.58万元(其中超载罚款17.91万元),交警罚款仅2400元,处罚率低。该局未牵头组织常态化联合执法,治超站以路政处罚为主,未全面执行联合执法模式且处罚率低,不符合交通运输部、公安部《关于治理车辆超限超载联合执法常态化制度化工作的实施意见(试行)》(交公路发〔2017〕173号),湖南省交通运输厅、湖南省公安厅关于印发《湖南省治理车辆超限超载联合执法常态化制度化工作的实施方案》(湘交路〔2018〕55号)的要求。

> 依据:湖南省交通运输厅、湖南省公安厅关于印发《湖南省治理车辆超限超载联合执法常态化制度化工作的实施方案》(湘交路〔2018〕55号):交通运输、公安部门要结合本地区道路货运流量流向、路网结构、车辆超限超载特征、公安交警执法站设置等情况,研究制定超限检测站和超限检测点设置和优化方案,报省级人民政府批准后实施。要按有关规定,及时公开超限检测站(点)相关信息。

(2)湘潭县交通运输局对事故路段的公路两侧建筑控制区内的地面构筑物未执法拆除。经查,该局对湘潭县X018县道日华村马路市场路段建筑控制区内2018年来出现违法搭建的遮阳棚反弹问题,未及时执法拆除,不符合《公路法》的要求。

> 依据:《中华人民共和国公路法》第八十一条 违反本法第五十六条规定,在公路建筑控制区内修建建筑物、地面构筑物或者擅自埋设管线、电缆等设施的,由交通主管部门责令限期拆除,并可以处五万元以下的罚款。逾期不拆除的,由交通主管部门拆除,有关费用由建筑者、构筑者承担。

(3)湘潭市交通运输局为市治超办牵头单位,对本市治超工作中存在以路政处罚为主,未全面执行联合执法模式、未按规定申报设置流动检测点、未建立联合执法长效机制等主要问题组织指导不力。

> 依据:交通运输部、公安部《关于治理车辆超限超载联合执法常态化制度化工作的实施意见(试行)》(交公路发〔2017〕173号):公安部门和交通部门在执法中发现超限超载车辆,除依法责令卸载并处罚记分外,应将有关信息抄送运管部门,由运管部门依法对货运车辆和驾驶人、运输企业实施处罚。并由交通运输执法机构依法对货运场所经营者实施处罚。
> 《湖南省治理车辆超限超载联合执法常态化制度化工作实施方案》的通知(湘交路政〔2018〕55号):未实施驻站联合执法的,由交通部门负责称重检测和监督消除违法行为,并通知公安部门,公安部门要及时到站实施处罚和记分。

5. 公路相关人员和单位追责情况

湘潭县交通运输局和湘潭市交通运输局的有关人员受到了党政纪处分。

6. 公路运营安全相关建议

在公路运营安全方面,本案主要反映出公路管理部门未按规定申报设置超限超载流动检测点,未牵头建立联合执法的长效机制,对事故路段的公路两侧建筑控制区内的地面构筑物未执法拆除,公路安全防护能力有待进一步提升等方面的问题。

通过此案例的警示,建议公路管理部门等相关单位应重点做好以下四个方面的工作:

(1) 加强对农村公路穿村镇路段(特别是叠加集市占道)的安全监管和风险排查,采取切实有效措施坚决取缔马路市场,同时重视对农村货运从业人员和农村地区的交通安全警示教育。

(2) 加强与公安交警部门的联动,做好货运车辆的安全技术性能检测和超速、超载等安全管理工作,认真落实"一超四究"制度,进一步细化检测站联合执法工作流程,依法严查超限超载等违法行为。

(3) 加强农村公路路网风险评估工作,有效识别高风险路段,根据路段风险等级统筹安排养护资金,提高资金使用效益。

(4) 加强生命防护工程实施的技术宣传,提高基层技术人员对标准规范和指南的认识水平,处理好被动防护和主动诱导的关系,提高农村公路的安全通行保障水平。

二、山东淄博滨莱高速连接线"8·11"重大道路交通事故

1. 事故基本情况

2016年8月11日8时23分,鲁N×××××号肇事拖拉机变型运输车行驶至淄博市博山区省道S236线(博沂路)与北山路"T"形路口时,闯红灯冲撞沿博沂路正常行驶的一辆电动自行车,并将其撞挤在公共汽车的右前门处;碰撞使公共汽车作逆时针旋转,导致公共汽车的左前角与采血车的右前角发生碰撞;拖拉机变型运输车作顺时针旋转,在惯性和离心力的作用下,拖拉机变型运输车车厢内的两个轧钢机用导卫配件脱离车厢,砸入公共汽车内;拖拉机变型运输车在顺时针旋转过程中,又撞向电动汽车并推动其向东运动,碰撞路边宣传牌、石子堆后停止,造成11人死亡、21人受伤的重大道路交通事故。事发现场情况如图4-17所示。

2. 事故路段情况

省道S236线(博沂路)为南北走向,是博山区至淄川区的主干道,为分向式二级公路,建设标准为一级路,路面宽29m,路基宽30m,设计速度80km/h,沥青路面,双向6条机动车道、2条非机动车道。淄博市博山区市政园林局负责日常管养。

北山路为东西走向,连接滨莱高速博山出口和省道S236线(博沂路),全长2273m,城市主干道Ⅱ级标准,设计速度50km/h,沥青路面,双向4条机动车道、2条非机动车道。北山路由西向东呈下坡趋势,全路段共有8个坡段,平均纵坡为1.88%,最大纵坡为4.31%,其中最后两个坡段的坡度及坡长分别为:-4.31%,415m;-0.19%,150m。2014年2月,该路曾被确定为市级危险点段。博山区交警部门会同市政园林等部门进行了整治,并重新施划了道路交通标线。淄博市博山区市政园林局负责保洁和道路维修管理。

图4-17 山东淄博滨莱高速连接线"8·11"事故现场情况

3. 事故原因分析

(1)直接原因。

拖拉机变型运输车非法改装、严重超载、制动性能不良,导致驾驶人无法有效控制车速,致使拖拉机变型运输车以不低于81km/h的速度长下坡超速行驶(北山路限速50km/h),在红灯状态下进入博沂路与北山路"T"形路口,先后冲撞正常行驶的一辆非机动车和三辆机动车,造成事故发生。拖拉机变型运输车所载轧钢机用导卫配件砸入公共汽车内,导致伤亡扩大。

(2)间接原因。

①德州市临邑县×××机械有限公司运输发货管理不严格,未认真查验核定载质量,违法为核定载重1.98t的肇事车辆装载了7.74t轧钢配件,导致该车严重超载,长下坡行驶时无法有效控制车速,造成超速行驶,进而引发事故。

②山东高速股份有限公司济南分公司章丘收费站,对禁行车辆驶入高速公路入口管控不严格。

③齐鲁交通发展集团有限公司淄博分公司博山收费站,对禁行车辆驶出高速公路出口管理措施不力。

④德州市农机监理站、宁津县农机局未认真履行农机安全监管职责。宁津县农机局对拖拉机登记、行驶证发放、年检等工作监管不力,贯彻落实上级部门关于拖拉机牌证及其驾驶证管理移交工作和全面依法清理违规拖拉机牌证的要求不到位。德州市农机监理站对宁津县农机监理站的监管不到位,对宁津县农机监理站拖拉机牌证及其驾驶证管理移交工作无上报资料和全面依法清理违规拖拉机牌证上报数字为零的现象没有进一步核实。

⑤德州市临邑县交通运输局交通运输证发放、年审管理职责履行不到位。违规为悬挂

停止使用车牌的肇事拖拉机变型运输车发放道路运输证,未依法履行道路运输安全监管职责。

⑥德州市公安局交警支队临邑大队开展超载治理活动不力。涉牌涉证安全监管存在薄弱环节,上半年仅查处2起超载的违法行为;未能及时发现并查处肇事拖拉机变型运输车悬挂已停止使用的车牌,严重超载行为等违法行为。

⑦淄博市公安局高速公路交通警察支队一大队巡逻检查不到位。在组织巡逻检查工作中,未发现并查处其辖区内已肇事的违章悬挂鲁N×××××号车牌车辆。

⑧淄博市公安局交通警察支队博山大队事故预防措施不力。在高速公路修路导致过境博山车辆增多的情况下,对道路交通安全事故预防措施不力,查纠违章不力,未及时发现并查处经过其辖区的悬挂鲁N×××××号车牌的肇事车辆。

4. 道路设施及安全管理的问题

(1)章丘收费站执行落实《山东省高速公路交通安全条例》第29条规定不到位,对收费站工作人员到岗到位情况检查不力,对高速收费站工作人员禁止放行车辆规定组织巡视检查和落实不力,致使肇事拖拉机变型运输车违规驶入高速公路。

(2)博山收费站出口落实《山东省高速公路交通安全条例》第29条规定不力,对收费站出口高速禁行车辆缺乏有效管理,对违规驶入高速的肇事车辆在出站通道因追尾事故滞留1小时期间未采取管控措施并予以放行。

> 依据:《山东省高速公路交通安全条例》第九条 禁止下列人员、车辆进入高速公路:(一)行人;(二)非机动车;(三)摩托车、拖拉机、联合收割机、轮式专用机械车、全挂拖斗车、铰接式客车、悬挂试车号牌和教练车号牌的机动车;(四)设计最高时速低于七十公里的机动车。高速公路养护等作业人员和用于养护的专用机动车,不适用前款规定。
>
> 第二十九条 高速公路收费站工作人员发现本条例第九条第一款规定禁行范围内的人员和车辆不得放行;对在进出站口闯岗、闯卡,不听劝阻强行通过的,应当立即报警,公安机关应当及时依法处理。高速公路管理和经营单位及其收费站对公安机关查缉嫌疑车辆应当予以协助。

5. 公路相关人员和单位追责情况

山东高速股份有限公司济南分公司章丘收费站监控员(国有企业人员)。根据《高速公路收费站工作人员工作职责规定》和值班安排,负责事故发生当天章丘收费站前岗工作的监督监控。未认真履行监督检查职责,致使悬挂鲁N×××××车牌的拖拉机变型运输车驶入高速公路,对事故发生负有直接监管责任。参照《安全生产领域违法违纪行为政纪处分暂行规定》第十二条第一项等规定,给予其降级处分。

山东高速股份有限公司济南分公司章丘收费站中队长(国有企业人员)。根据《高速公路收费站工作人员工作职责规定》和值班安排,负责事故发生当天章丘收费站前岗全面工作。未认真履行监督检查职责,未采取有效防范措施致使悬挂鲁N×××××车牌的拖拉机变型运输车驶入高速公路,对事故发生负有主要领导责任。参照《安全生产领域违法违纪行为政纪处分暂行规定》第十二条第一项等规定,给予其记过处分。

山东高速股份有限公司济南分公司章丘收费站代理管理员(国有企业人员)。根据《高速公路收费站工作人员工作职责规定》和值班安排,负责事故发生当天章丘收费站全面工作。疏于管理,未严格执行巡视检查工作制度,对值班工作人员未及时发现悬挂鲁N×××××车牌的拖拉机变型运输车驶入高速公路等问题失察,对事故发生负有重要领导责任。参照《安全生产领域违法违纪行为政纪处分暂行规定》第十二条第一项等规定,给予其记过处分。

齐鲁交通发展集团有限公司淄博分公司博山收费站中队长(国有企业人员)。根据高速公路管理规章制度和值班安排,负责事故发生当天博山收费站收费管理。未认真履行监督检查职责,在获悉收费站出口发生车辆追尾事故后,对涉及的肇事车辆鲁N×××××号拖拉机变型运输车未及时采取有效措施,致使该车驶出高速公路收费站,对事故发生负有主要领导责任。参照《安全生产领域违法违纪行为政纪处分暂行规定》第十二条第一项等规定,给予其记过处分。

齐鲁交通发展集团有限公司淄博分公司博山收费站副站长(国有企业人员)。根据高速公路管理规章制度和值班安排,在事故发生当天代行站长职责。未认真履行监督检查职责,在获悉收费站出口发生车辆追尾事故后,对涉及的肇事车辆鲁N×××××拖拉机变型运输车未及时采取有效措施,致使该车驶出高速公路收费站,对事故发生负有重要领导责任。参照《安全生产领域违法违纪行为政纪处分暂行规定》第十二条第一项等规定,给予其记过处分。

6. 公路运营安全相关建议

在公路运营安全方面,本案主要反映出高速公路运营企业收费站入口对高速禁行车辆不得放行的规定组织巡视检查和落实不力,收费站出口对违规驶入高速的肇事车辆在出站通道长时间滞留未采取管控措施并予以放行、对高速公路出口直接进入城区的路段隐患整改不到位等方面的问题。

通过此案例的警示,建议公路相关企业、公路管理部门等相关单位应重点做好以下三个方面的工作:

(1)高速公路运营管理企业要切实加强收费站管理,严格执行"严禁禁行范围内人员、车辆驶入高速公路"规定,切实加强路域管理,严格执行危化品运输车限行规定,严禁改装车辆、超载超限车辆上高速公路行驶。

(2)强化从业人员教育培训,努力提高识别能力,弥补汽车号牌自动识别系统缺陷,强化人机结合,严把出入关口,发现明显非法改装车辆、超限超载车辆,应阻止其驶入高速公路,并报告有关主管部门进行查处。严厉处罚放任超限超载、违法改装货运车辆进出高速公路的行为。加大科技投入,提高自动识别设备设施辨识度,切实消除安全隐患。

(3)根据公路状况、事故特征以及交通流量实际情况,对连续长下坡、急弯陡坡、T形口、交叉路口等安全隐患路段,特别是对高速公路出口直接进入城区的路段,进行排查整治,合理增设道路防护设施和交通安全警示标志,加大道路管养维护力度,及时清除遮挡标志标牌的违法建筑物和绿化带,确保车辆通行安全。

第五章 道路设施问题及与事故相关性解析

目前,国内外关于道路交通事故规律的公开研究成果较多,但对重特大道路交通事故的研究较少,并且多集中在从驾驶行为和车辆技术状况方面进行的研究,而在道路设施及安全管理方面只是笼统的归纳,罗列的道路设施及安全管理问题的范围涉及公路管理的各个方面。但是,公路部门在实际工作过程中,受到管理人员、管理经费和辖区公路差异性的制约,不可能面面俱到,所以公路部门需要结合自身辖区的具体道路情况进行相应的差异化处理,但如何区分哪些问题是从法律层面和技术层面上亟待解决的,是公路部门在公路管理过程中的难点和重点。

通过对国内外道路交通事故研究现状的分析,由于道路运输量以及车辆运行环境等方面的差异,在美国、欧盟、日本等发达国家和地区一次死亡10人以上的重特大道路交通事故是罕见的,因此,国外并未开展重特大道路交通事故的专项研究,相关研究成果甚少。而在我国当前阶段,重特大道路交通事故无法根除,究其原因是对事故发生规律、成因及其潜在风险认知不足。然而,目前国内有关重特大道路交通事故规律的研究成果甚少,很多问题没有明确的答案。为了提高重特大道路交通事故预防工作的针对性和有效性,深入研究道路设施及安全管理问题与事故的匹配关系,无论是对辨别事故隐患,还是采取有效的预防措施都具有重大的现实意义。

本章通过对搜集到的2009年至2017年道路设施及安全管理为事故发生原因的66起重特大道路交通事故进行进一步分析,存在的道路设施及安全管理问题主要类型为防护设施问题、标志问题、标线问题、路面问题和隐患排查治理问题,其中,存在防护设施问题的占66起事故的42.4%,存在标志问题的占66起事故的30.3%,存在标线问题的占66起事故的16.7%,存在路面问题的占66起事故的15.2%;事故路段中弯坡组合路段的事故最为集中,共26起,占66起事故的39.4%;事故形态中坠车事故最为集中,共35起,占66起事故的53.0%;需要重点关注的道路设施关键要素主要为道路几何线形中的坡长、坡度、圆曲线半径、超高,防护中的中分带护栏、路侧护栏,标志中的警告标志、限速标志,标线中的减速标线、中分带标线、车行道边缘线,路面中的路面抗滑、路面宽度。在以上统计分析的基础上,形成了道路设施及安全管理问题与重特大道路交通事故的匹配关系并形成匹配关系表。

第一节 事故中反映出的道路设施及安全管理问题

本节通过对搜集到的2009年至2017年的重特大道路交通事故数据中,道路设施及安全管理为事故发生原因的66起重特大道路交通事故,从平直路段、上坡路段、弯道路段、下坡路段、关键节点、弯坡组合路段等方面分析道路设施及安全管理问题。

一、平直路段道路设施及安全管理问题

道路设施及安全管理为事故发生原因的66起重特大道路交通事故中,发生在平直路段的事故共12起,占比18.2%。平直路段的事故形态有正面碰撞、坠车、翻车三种,平直路段道路设施及安全管理问题见表5-1。

平直路段道路设施及安全管理问题 表5-1

事故路段	事故形态	道路设施及安全管理问题
平直路段(12起)	正面碰撞(6起)	未设置道路中央隔离设施
		缺少限速标志等交通安全设施
		未落实安全隐患整改工作
		事故预防缺少主动性、边通行边施工存在安全隐患
		标线线段长度不符合标准
		高速隔离栅有缺口
	坠车(4起)	对道路狭窄和缺少防护设施隐患未处理
		未在检修作业前设置警告标志、安全监管不到位
		安全隐患排查治理不到位
		道路安全设施缺乏(无标志标线、临崖侧水泥墩防护性差)
	翻车(2起)	养护不到位(标线磨损、护栏破损)
		路侧护栏顶部弧线型不够

根据表5-1分析,平直路段主要的事故形态为正面碰撞事故,其次为坠车事故。正面碰撞事故中重点关注道路中央隔离设施、限速标志、标线和安全隐患整改,坠车事故中重点关注路侧防护设施、警告标志、标线和安全隐患排查治理。

二、上坡路段道路设施及安全管理问题

道路设施及安全管理为事故发生原因的66起重特大道路交通事故,发生在上坡路段的交通事故共4起,占比6.1%。上坡路段的事故形态全部为坠车事故,上坡路段道路设施及安全管理问题见表5-2。

上坡路段道路设施及安全管理问题 表5-2

事故路段	事故形态	道路设施及安全管理问题
上坡路段(4起)	坠车(4起)	缺少警告标志
		未落实新修订的养护规范对安全防护设施的要求
		道路因素(坡陡、路面不平、路窄、无防护设施)
		事故路段养护管理不到位(路面破损、路侧垮塌)

根据表5-2分析,上坡路段的事故形态全部为坠车事故,坠车事故中重点关注警告标

志、路侧防护设施、路面状况、路面宽度和养护管理。

三、弯道路段道路设施及安全管理问题

道路设施及安全管理为事故发生原因的 66 起重特大道路交通事故，发生在弯道路段的交通事故共 7 起，占比 10.6%。弯道路段的事故形态为坠车事故和正面碰撞事故，弯道路段道路设施及安全管理问题见表 5-3。

弯道路段道路设施及安全管理问题　　　　表 5-3

事故路段	事故形态	道路设施及安全管理问题
弯道路段(7 起)	坠车(5 起)	事故路段路肩和边沟尚未完工
		道路安全隐患突出(无警告标志和路侧防护设施)
		道路安全性差(路面破损严重、无标志标线和路侧防护)
		变更设计后安全防护能力下降
		缺少标线和防护
	正面碰撞(2 起)	缺少中分带和路侧防护设施
		未及时补划车道分界线，存在设计问题(未按标准设计中央分隔带)

根据表 5-3 分析，弯道路段的主要事故形态为坠车事故，其余为正面碰撞事故。坠车事故中重点关注警告标志、路侧防护设施、路面状况、标线和变更设计的管理，正面碰撞事故重点关注中央分隔带隔离设施、中央分隔带护栏、标线和养护管理。

四、下坡路段道路设施及安全管理问题

道路设施及安全管理为事故发生原因的 66 起重特大道路交通事故，发生在下坡路段的交通事故共 10 起，占比 15.1%。下坡路段的事故形态有追尾碰撞、冲入对向、坠车、侧翻、碰撞固定物五种，下坡路段道路设施及安全管理问题见表 5-4。

下坡路段道路设施及安全管理问题　　　　表 5-4

事故路段	事故形态	道路设施及安全管理问题
下坡路段(10 起)	追尾碰撞(3 起)	公路部门未及时除冰、未增设临时警告标志
		路侧防护不足、施工管理不到位
		中央活动隔离栅防撞强度较差
	冲入对向车道(2 起)	高速公路管理部门未及时除冰
		中央分隔带护栏存在安全隐患
		高速收费站对车辆驶入驶出高速缺少管控措施
	坠车(2 起)	路面状况极差
		对事故路段路侧防护的安全隐患治理不到位
	侧翻(2 起)	临时土路坡度过大、安全视距不足
		高速公司未及时处置积水问题
	碰撞固定物(1 起)	施工路段管理存在安全隐患

根据表5-4分析,下坡路段的主要事故形态为追尾事故。追尾事故重点关注警告标志、路侧防护、中央活动护栏和路面结冰处理情况,冲入对向车道事故重点关注中央分隔带护栏,坠车事故重点关注路面情况和路侧防护设施,侧翻事故重点关注路面情况、视距和路面积水处理情况。

五、关键节点道路设施及安全管理问题

道路设施及安全管理为事故发生原因的66起重特大道路交通事故,发生在桥梁、隧道和交叉口等关键节点的交通事故共7起,占比10.6%。关键节点的事故形态有坠车、追尾碰撞、碰撞隧道洞口三种,关键节点的道路设施及安全管理问题见表5-5。

关键节点道路设施及安全管理问题 表5-5

事故路段	事故形态	道路设施及安全管理问题
桥梁路段(4起)	坠车(3起)	大桥安全护栏施工质量存在问题
		道路存在问题(中心线磨损、路面坑槽)
		桥梁两侧缺少安全防护设施
	追尾(1起)	桥下空间安全管理不到位
隧道路段(2起)	追尾碰撞后着火(1起)	隧道消防设施、安全设施不足
	碰撞洞口(1起)	隧道洞口照明、防护设施过渡不完善
交叉口(1起)	追尾碰撞(1起)	道路隐患整改措施未落实

根据表5-5分析,桥梁路段的事故形态均为坠车事故,坠车事故重点关注桥梁护栏质量、桥梁两侧安全防护、中心标线和桥面养护情况。隧道路段的事故形态为追尾碰撞后着火事故和碰撞洞口事故,重点关注隧道内的消防设施、洞口照明和洞口防护过渡。交叉口的事故形态均为侧面碰撞事故,侧面碰撞事故重点关注照明、信号灯、标志、视距和隐患整改情况。

六、弯坡组合路段道路设施及安全管理问题

道路设施及安全管理为事故发生原因的66起重特大道路交通事故,发生在弯坡组合路段的交通事故共26起,占比39.4%。弯坡组合路段的事故形态有坠车、翻车、正面碰撞、追尾碰撞、碾压行人、撞固定物六种,弯坡组合路段的道路设施及安全管理问题见表5-6。

弯坡组合路段道路设施及安全管理问题 表5-6

事故路段	事故形态	道路设施及安全管理问题
弯坡组合路段(26起)	坠车(17起)	缺少警告标志、未采取防滑措施
		缺少标志标线和安全防护设施
		未有效整改农村公路隐患
		道路存在安全隐患(急弯下坡路段未设置减速、限速标志和设施)
		未按设计施划路面标线
		事故路段隐患未及时消除(急弯下坡)

续上表

事故路段	事故形态	道路设施及安全管理问题
弯坡组合路段（26起）	坠车（17起）	事故路段隐患排查整治不到位（道路及安全设施设计建设标准不满足实际需求、安全防护维护不到位）
		安保工程实施后仍存在重大安全隐患（道路右侧无防护设施）
		安全防护设施不到位
		施工现场管理不到位（警告标志不全、施工方疏于路面管控）
		村道（陡坡、急弯、路面不平）、农村公路安全隐患突出（缺乏安全设施、警告标志）
		农村道路通行条件差（无标志标牌和安全防护设施）
		安全监管不到位、农村道路事故隐患突出（无警告标志和安全防护设施）
		道路安全隐患（半径小于设计值、无急弯标志和防护设施）
		交通局未按设计文件设置安全防护设施
		事故路段无道路防护设施
		山区道路安全设施薄弱（无防护设施、路面过窄、路基不稳）
	翻车（3起）	公路养护不到位（警告标志不全、安全设施不完善）
		未督促完善农村公路安保工程（未施划标线和防护设施）
		安全监管不到位、市政府擅自设立非公路广告牌
	正面碰撞（2起）	隐患排查治理不到位（缺乏标志标线）
		道路安全隐患排查不到位（缺少防撞护栏等设施）
	追尾碰撞（2起）	交通标志损毁、巡查不到位
		减速振荡标线养护不到位
	碾压行人（1起）	隐患路段未治理
	撞固定物（1起）	自建路通行条件差

根据表 5-6 分析，弯坡组合路段的主要事故形态为坠车事故，坠车事故重点关注警告标志、限速标志、路面抗滑、路侧防护、减速标线、圆曲线半径、路面宽度和隐患排查治理情况。其次事故形态为翻车事故、正面碰撞和追尾碰撞，这些事故重点关注警告标志、路侧防护、减速振荡标线、养护和巡查管理情况。

第二节 道路设施及安全管理问题与事故的匹配关系

根据对道路设施为事故发生原因的 66 起重特大道路交通事故进行分析，事故路段中弯坡组合路段的事故最为集中，共 26 起，占事故总数的 39.4%；事故形态中坠车事故最为集中，共 35 起，占事故总数的 53.0%；需要重点关注的道路设施及安全管理主要为道路几何线形中的坡长、坡度、圆曲线半径、超高，防护中的中分带护栏、路侧护栏，标志中的警告标志、限速标志,标线中的减速标线、中分带标线、车行道边缘线,路面中的路面抗滑、路面宽度,安全管理中的隐患排查治理、养护巡查、养护管理、恶劣天气除冰除雪。道路设施及安全管理问题与重特大道路交通事故的匹配关系见表5-7。

道路设施及安全管理问题与重特大道路交通事故的匹配关系 表5-7

事故路段类型	典型事故形态	道路设施及安全管理关键要素	交通设施及安全管理关键指标
弯坡组合路段	坠车	几何线形	圆曲线半径、坡度、坡长、超高
		标志	警告标志、限速标志
		路面	路面抗滑、路面宽度
		路侧防护	防护形式、防护等级
		标线	减速标线
	翻车	几何线形	圆曲线半径、坡度、坡长、超高
		路面	路面抗滑
		标志	警告标志、限速标志
	正面碰撞	隔离和防护设施	中央隔离设施、中分带护栏
		标志	警告标志、限速标志
		标线	中分带标线
		路面	路面抗滑、路面宽度
	追尾碰撞	几何线形	视距
		标志	警告标志、限速标志
		标线	减速标线
		管理措施	除冰措施、除雪措施
平直路段	正面碰撞	隔离和防护设施	中央隔离设施、中分带护栏
		标志	限速标志
		标线	中分带标线
		路面	路面抗滑、车辙
	坠车	路侧防护	防护形式、防护等级
		路面	路面抗滑、车辙
下坡路段	追尾碰撞	几何线形	坡度、坡长
		标志	警告标志、限速标志
		标线	减速标线
		管理措施	除冰措施、除雪措施
	正面碰撞	隔离和防护设施	中央隔离设施、中分带护栏
		标志	警告标志、限速标志
		标线	中分带标线

续上表

事故路段类型	典型事故形态	道路设施及安全管理关键要素	交通设施及安全管理关键指标
弯道路段	坠车	几何线形	圆曲线半径、超高
		路侧防护	防护形式、防护等级
		路侧状况	路肩、边沟
		路面	路面抗滑、车辙
		标线	车行道边缘线
	正面碰撞	隔离和防护设施	中央隔离设施、中分带护栏
		标志	警告标志、限速标志
		标线	中分带标线
		路面	路面抗滑、路面宽度
上坡路段	坠车	标志	警告标志
		路侧防护	防护形式、防护等级
		路面	路面抗滑、路面宽度、路面破损
桥梁路段	坠车	桥梁护栏	是否设置、护栏安装质量、施工质量
		桥面	桥面状况、抗滑
		桥下空间	桥下空间管理
隧道路段	正面碰撞	洞口防护	防护和过渡
		照明	出入口照明
		标志	入口警告标志
		标线	入口标线
交叉口	侧面碰撞	交叉角度	视距
		标志	交叉口预告标志
		照明	照明设施是否正常
		信号灯	信号灯是否正常

参 考 文 献

[1] 交通运输部公路科学研究院.2010年中国道路交通安全蓝皮书[M].北京:人民交通出版社,2011.
[2] 交通运输部公路科学研究院.2011年中国道路交通安全蓝皮书[M].北京:人民交通出版社,2012.
[3] 交通运输部公路科学研究院.2012年中国道路交通安全蓝皮书[M].北京:人民交通出版社,2013.
[4] 交通运输部公路科学研究院.2013年中国道路交通安全蓝皮书[M].北京:人民交通出版社股份有限公司,2014.
[5] 交通运输部公路科学研究院.2014年中国道路交通安全蓝皮书[M].北京:人民交通出版社股份有限公司,2015.
[6] 交通运输部公路科学研究院.2015年中国道路交通安全蓝皮书[M].北京:人民交通出版社股份有限公司,2016.
[7] 公安部交通管理局.中华人民共和国道路交通事故统计年报(2009—2015年度)[R].
[8] 国务院陕西安康京昆高速"8·10"特别重大道路交通事故调查组.陕西安康京昆高速"8·10"特别重大道路交通事故调查报告[R].2018.
[9] 国务院晋济高速公路山西晋城段岩后隧道"3·1"特别重大道路交通危化品燃爆事故调查组.晋济高速公路山西晋城段岩后隧道"3·1"特别重大道路交通危化品燃爆事故调查报告[R].2014.
[10] 京港澳高速新乡段"9·26"重大道路交通事故调查组.京港澳高速新乡段"9·26"重大道路交通事故调查报告[R].2018.
[11] 二广高速荆州长江公路大桥"3·12"重大道路交通事故调查组.二广高速荆州长江公路大桥"3·12"重大道路交通事故调查报告[R].2013.
[12] 广州"6·29"道路交通事故引发爆燃重大事故调查组.广州"6·29"道路交通事故引发爆燃重大事故调查情况报告[R].2012.
[13] 荣乌高速烟台莱州段"1·16"重大道路交通事故责任调查组.荣乌高速烟台莱州段"1·16"重大道路交通事故责任调查报告[R].2015.
[14] 赣州市"2·20"重大道路交通事故调查组.赣州市"2·20"重大道路交通事故调查报告[R].2018.
[15] 国务院陕西咸阳"5·15"特别重大道路交通事故调查组.陕西咸阳"5·15"特别重大道路交通事故调查报告[R].2015.
[16] 甘肃省甘南州合作市"3·3"重大道路交通事故调查组.甘肃省甘南州合作市"3·3"重大道路交通事故调查处理报告[R].2014.
[17] 泸州市古蔺县"2013.2.1"重大道路交通事故调查组.泸州市古蔺县"2013.2.1"重大道路交通事故调查报告[R].2013.

[18] 湖北鄂州市华容区庙岭镇"12·2"重大道路交通事故调查组.湖北鄂州市华容区庙岭镇"12·2"重大道路交通事故调查报告[R].2017.

[19] 鹰潭市"5·15"重大道路交通事故调查组.鹰潭市"5·15"重大道路交通事故调查报告[R].2017.

[20] 广河高速公路龙门路段"7·6"重大道路交通事故调查组.广河高速公路龙门路段"7·6"重大道路交通事故调查报告[R].2017.

[21] 湖南湘潭沪昆高速"9·25"重大道路交通事故调查组.湖南湘潭沪昆高速"9·25"重大道路交通事故调查报告[R].2016.

[22] 内蒙古自治区呼伦贝尔市绥满高速公路博克图段"9·24"重大道路交通事故调查组.内蒙古自治区呼伦贝尔市绥满高速公路博克图段"9·24"重大道路交通事故调查报告[R].2017.

[23] 新疆昌吉"6·18"重大道路交通事故调查组.新疆昌吉"6·18"重大道路交通事故调查报告[R].2013.

[24] 湘潭县花石镇"9·22"重大道路交通事故调查组.湘潭县花石镇"9·22"重大道路交通事故调查报告[R].2020.

[25] 淄博市博山区"8·11"重大道路交通事故责任调查组.淄博市博山区"8·11"重大道路交通事故责任调查报告[R].2016.